Anonymus

The Second, third, and fourth books of the Hitopadesa

Sanskrit Text

Anonymus

The Second, third, and fourth books of the Hitopadesa
Sanskrit Text

ISBN/EAN: 9783741184635

Manufactured in Europe, USA, Canada, Australia, Japa

Cover: Foto ©Andreas Hilbeck / pixelio.de

Manufactured and distributed by brebook publishing software (www.brebook.com)

Anonymus

The Second, third, and fourth books of the Hitopadesa

HANDBOOKS

FOR

THE STUDY OF SANSKRIT.

EDITED BY

MAX MÜLLER, M.A.

TAYLORIAN PROFESSOR OF MODERN EUROPEAN LANGUAGES AND LITERATURE
IN THE UNIVERSITY OF OXFORD.

HANDBOOKS FOR THE STUDY OF SANSKRIT.

Edited by Max Müller, M.A.

I

THE FIRST BOOK OF THE HITOPADEŚA, containing the Sanskrit Text, with Interlinear Transliteration, Grammatical Analysis, and English Translation.
[Price 7s. 6d.

THE SANSKRIT TEXT OF THE FIRST BOOK. Price 2s. 6d.

II

THE SECOND, THIRD, AND FOURTH BOOKS OF THE HITOPADEŚA: containing the Sanskrit Text, with Interlinear Translation. Price 7s. 6d.

THE SANSKRIT TEXT OF THE SECOND, THIRD, AND FOURTH BOOKS.
[Price 3s. 6d.

III

SANSKRIT-ENGLISH DICTIONARY. By Professor Th. Benfey.
[In the press.

IV

A SANSKRIT GRAMMAR FOR BEGINNERS. [In preparation.

THE SECOND, THIRD, AND FOURTH BOOKS OF THE HITOPADEŚA:

CONTAINING

THE SANSKRIT TEXT,

WITH INTERLINEAR TRANSLATION.

LONDON:
LONGMAN, GREEN, LONGMAN, ROBERTS, & GREEN.
1865.

Oxford
T. COMBE, M.A., E. PICKARD HALL, AND H. LATHAM, M.A.
PRINTERS TO THE UNIVERSITY

CONTENTS.

BOOK II.

FRIEND-SEPARATION, ILLUSTRATED BY THE STORY OF THE LION, THE BULL, AND THE TWO JACKALS . . . PAGE 1–59

FABLE

I. THE APE AND THE WEDGE 6

II. DEATH OF THE OFFICIOUS ASS 9

III. THE LION, THE MOUSE, AND THE CAT 23

IV. THE OLD WOMAN AND THE BELL 26

V. THE ADVENTURES OF KANDARPAKETU; THE COWHERD, THE BARBER, AND THEIR WIVES; THE ROBBED MERCHANT . 32

VI. THE COWHERD'S WIFE AND HER TWO LOVERS 38

VII. HOW TWO CROWS CAUSED THE DEATH OF A BLACK SERPENT . 40

VIII. THE LION AND THE RABBIT 41

IX. THE SANDPIPER AND THE SEA 48

BOOK III.

WAR, ILLUSTRATED BY THE STORY OF THE WAR BETWEEN THE GEESE AND THE PEACOCKS . . . PAGE 60–109

FABLE

I. THE BIRDS AND THE MONKEYS 62

II. THE ASS IN A TIGER'S SKIN 63

III. THE HARES AND THE ELEPHANTS 65

IV. THE GOOSE AND THE CROW 70

V. THE QUAIL AND THE CROW 71

(vi)

FABLE		PAGE
VI.	The Wheelwright, his Wife, and her Lover	73
VII.	Death of the Blue Jackal	81
VIII.	How Viravara sacrificed his own Son to save his Master	91
IX.	Death of the Barber who killed a Beggar	96

BOOK IV.

PEACE, ILLUSTRATED BY THE STORY OF THE RECONCILIATION OF THE GEESE AND THE PEACOCKS.

PAGE 110–151

FABLE		PAGE
I.	The Tortoise and the Two Geese	111
II.	The Three Fishes	112
III.	The Merchant's Wife and her Lover	112
IV.	The Cranes, the Serpent, and the Ichneumon	114
V.	The Saint and the Mouse	117
VI.	Death of a Gluttonous Crane	118
VII.	The Brâhman in the Potter's Shed	120
VIII.	The Story of the Two Giants Sunda and Upasunda	122
IX.	The Brâhman with the Goat, and the Three Rogues	129
X.	The Lion, the Crow, the Tiger, the Jackal, and the Camel	130
XI.	The Serpent and the Frogs	134
XII.	The Brâhman and the Ichneumon	141

॥ सुहृद्भेदः ॥
FRIEND-SEPARATION.

अथ राजपुत्रा ऊचुः । आर्य मित्रलाभः श्रुतस्तावदस्माभिः ।
Then the king's-sons said: Reverend Sir, The Friend-acquisition heard so far by us;

इदानीं सुहृद्भेदं श्रोतुमिच्छामः । विष्णुशर्मोवाच । सुहृद्भेदं
now the Friend-separation to hear we desire. Vishṇuśarman said: The Friend-separation

तावच्छृणुत यस्यायमाद्यः श्लोकः ।
then hear, of which this the first verse:

वर्धमानो महास्नेहो मृगेंद्रवृषयोर्वने ।
The increasing great-affection of a lion-and a bull in a wood.

पिशुनेनापि लुब्धेन जंबुकेन विनाशितः ॥१॥
by an insidious also greedy jackal destroyed. (1)

राजपुत्रैरुक्तं । कथमेतत् । विष्णुशर्मा कथयति । अस्ति दक्षिणा-
By the king's-sons said: How that? Vishṇuśarman relates: There is on the south-

पथे सुवर्णवती नाम नगरी । तत्र वर्धमानो नाम वणिग्
road Suvarṇavatî by name a city. There Vardhamâna by name a merchant

निवसति । तस्य प्रचुरे ऽपि वित्ते ऽपरान्बंधून-
dwells. Of him (though) abundant even wealth (was), the other relations

तिसमृद्धान्समीक्ष्य पुनरर्थवृद्धिः करणीयेति मतिर्बभूव ।
very-prosperous having seen, 'again wealth-increase to be made' thus resolution was.

यतः । अधो ऽधः पश्यतः कस्य महिमा नोपचीयते ।
For, Down down looking of whom the greatness not is enhanced?

उपर्युपरि पश्यंतः सर्व एव दरिद्रति ॥२॥
Upwards upwards looking all indeed are poor. (2)

अपरं च। ब्रह्महापि नरः पूज्यो यस्यास्ति विपुलं धनं।
Another and, A Brâhman-slaying even man to be honoured, of whom is ample wealth,

शशिनस्तुल्यवंशो ऽपि निर्धनः परिभूयते ॥३॥
with the moon * of equal-lineage although the wealth-less is despised. (3)

अन्यच्च। अव्यवसायिनमलसं दैवपरं साहसाच्च परिहीणं।
Again and, The exertion-less inactive in fate-alone trusting of courage and deprived,

प्रमदेव हि वृद्धपतिं नेच्छत्युपगूहितुं लक्ष्मीः ॥४॥
a lovely woman as certainly an old-husband not likes to embrace Lakshmi. (4)

किंच। आलस्यं स्त्रीसेवा सरोगिता जन्मभूमिवात्सल्यं।
Moreover, Inactivity, woman-service, ill-health, birth-place-fondness,

संतोषो भीरुत्वं षड् व्याघाता महत्त्वस्य ॥५॥
acquiescence, timidity, six obstructions of greatness. (5)

यतः। संपदा सुस्थितंमन्यो भवति स्वल्पयापि यः।
For, Through *fortune* prosperous-thinking himself is through a little even who,

कृतकृत्यो विधिर्मन्ये न वर्धयति तस्य तां ॥६॥
having done-its duty *fate*, methinks, not increases of him that. (6)

अपरं च। निरुत्साहं निरानंदं निर्वीर्यमरिनंदनं।
Another and, An exertion-less, joy-less, power-less, enemy-delighter,

मा स्म सीमंतिनी काचिज्जनयेत्पुत्रमीदृशं ॥७॥
not ever woman any may bear a son such. (7)

तथा चोक्तं। अलब्धं चैव लिप्सेत लब्धं रक्षेदवक्षयात्।
Thus and said: The unobtained and indeed one should wish to obtain the obtained one should guard from decrease,

रक्षितं वर्धयेत्सम्यग्वृद्धं तीर्थेषु निक्षिपेत् ॥८॥
the guarded one should increase properly, the increased on holy places one should bestow. (8)

यतो ऽलब्धमिच्छतो ऽर्थयोगादर्थस्य
For (of one who) the unobtained desires, through wealth-application, of wealth

प्राप्तिरेव लब्धस्याप्यरक्षितस्य निधेरपि स्वयं
the obtainment indeed; of an acquired even, (but) not-guarded treasure also of itself

विनाशः। अपि च। अवर्धमानश्चार्थः काले स्वल्पव्ययो
disappearance. Also and, Not-increasing and wealth in time with very-small-expenditure

---

* One of the great royal families of India derived its origin from the moon.

ऽप्यंजनवत्क्षयमेति । अनुपभुज्यमानश्च निष्प्रयोजन एव सः ।
even collyrium-like* to waste goes, not-enjoyed being and, useless indeed is.

तथा चोक्तं ।
Thus and said:

धनेन किं यो न ददाति नाश्नुते बलेन किं यश्च रिपून्न बाधते ।
With wealth what, who not gives, not enjoys? With strength what, who enemies slays?
and not

श्रुतेन किं यो न च धर्ममाचरेत्किमात्मना यो न जितेंद्रियो भवेत् ॥९॥
with Scrip- what, who not also virtue prac- What with who not of subdued- may be? (9)
ture tises? soul, senses

यतः । जलबिंदुनिपातेन क्रमशः पूर्यते घटः ।
For, By the water-drop-falling step by step is filled a pot,

स हेतुः सर्वविद्यानां धर्मस्य च धनस्य च ॥१०॥
this (is) the means of all-sciences, of virtue also, of wealth and. (10)

दानोपभोगरहिता दिवसा यस्य यांति वै ।
Of giving-and enjoyment-deprived the days of whom pass forsooth,

स कर्मकारभस्त्रेव श्वसन्नपि न जीवति ॥११॥
he a blacksmith's-bellows like breathing even not does live. (11)

इति संचिंत्य नंदकसंजीवकनामानौ वृषभौ धुरि
Thus having reflected Nandaka-and Sañjîvaka-named two bulls in the yoke

नियुज्य शकटं नानाविधद्रव्यपूर्णं कृत्वा वाणिज्येन गतः
having fastened, a cart with manifold-things-filled having made, on trading gone

काश्मीरं प्रति ।
Káśmíra towards.

अन्यच्च । अंजनस्य क्षयं दृष्ट्वा वल्मीकस्य च संचयं ।
Another and, Of collyrium the waste having seen, of the white ant and the increasing heap,

अवंध्यं दिवसं कुर्याद्दानाध्ययनकर्मसु ॥१२॥
not-barren the day one should make in liberality-study-and actions. (12)

यतः । को ऽतिभारः समर्थानां किं दूरं व्यवसायिनां ।
For, What an excessive-load of the able? What far of the resolute?

को विदेशः सविद्यानां कः परः प्रियवादिनां ॥१३॥
What a strange country of the of knowledge- Who a stranger of the kindly-speaking? (13)
possessed?

---

* A little collyrium is used every day to darken the eyelashes.

अथ गच्छतस्तस्य सुदुर्गनाम्नि महारण्ये संजीवको भग्नजानुर्नि-
Now travelling of him in the Sodurga-named great-wood Sañjîvaka broken-kneed

पतितः। तमालोक्य वर्धमानो ऽचिंतयत्।
fallen down. Him having seen Vardhamâna thought:

करोतु नाम नीतिज्ञो व्यवसायमितस्ततः।
Let make certainly the prudent a resolution thus (or) thus,

फलं पुनस्तदेवास्य यद्विधेर्मनसि स्थितं ॥१४॥
the fruit however that only of it what in Fate's mind stands. (14)

किंतु। विस्मयः सर्वथा हेयः प्रत्यूहः सर्वकर्मणां।
However, Dismay in every way to be avoided, the obstacle of all-actions,

तस्माद्विस्मयमुत्सृज्य साध्ये सिद्धिर्विधीयतां ॥१५॥
therefore, dismay having abandoned, in what is to be accomplished success may be achieved. (15)

इति संचिंत्य संजीवकं तत्र परित्यज्य वर्धमानः पुनः स्वयं
Thus having reflected, Sañjîvaka there having left, Vardhamâna again himself

धर्मपुरं नाम नगरं गत्वा महाकायमन्यवृषभमेकं
to Dharmapura by name the town having gone, of great-bulk another-bull one

समानीय धुरि नियोज्य चलितः। ततः संजीवको ऽपि
having fetched, in the yoke having fastened, departed. Then Sañjîvaka also,

कथंकथमपि खुरत्रये भरं कृत्वोत्थितः।
somehow-somehow on the hoof-triad his weight having made got-up.

यतः। निमग्नस्य पयोराशौ पर्वतात्पतितस्य च।
For, Of one plunged into water-mass, from a mountain of one fallen and,

तक्षकेणापि दष्टस्य आयुर्मर्माणि रक्षति ॥१६॥
by (the serpent) Takshaka also of one bitten life the limbs preserves. (16)

नाकाले म्रियते जंतुर्विद्धः शरशतैरपि।
Not out of time dies a creature pierced by arrow-hundreds even,

कुशाग्रेणैव संस्पृष्टः प्राप्तकालो न जीवति ॥१७॥
by a grass-point merely touched when his time-is come not he lives. (17)

अरक्षितं तिष्ठति दैवरक्षितं
Unguarded stands the by Fate-guarded,

सुरक्षितं दैवहतं विनश्यति ।
well-guarded the Fate-struck perishes.

जीवत्यनाथो ऽपि वने विसर्जितः
There lives without-protector even in a forest one abandoned,

कृतप्रयत्नो ऽपि गृहे न जीवति ॥१८॥
One for whom exertion-is made even in a house not lives. (18)

ततो दिनेषु गच्छत्सु संजीवकः स्वेच्छाहारविहारं कृत्वारण्यं
Then, the days passing, Sañjîvaka ad libitum-feeding-sport having made the wood

भ्राम्यन्हृष्टपुष्टांगो बलवान्ननाद । तस्मिन्वने पिंगलकनामा
perambulating frisky-fat-limbed, strong, roared. In that forest Piñgalaka-named

सिंहः स्वभुजोपार्जितराज्यसुखमनुभवन्निवसति ।
a lion the by his own-arm-acquired-sovereignty-pleasure enjoying dwells.

तथा चोक्तं । नाभिषेको न संस्कारः सिंहस्य क्रियते मृगैः ।
Thus and said. Not anointing, not consecration of the lion is made by the beasts,

विक्रमार्जितराज्यस्य स्वयमेव मृगेंद्रता ॥१९॥
Of him who by prowess-has acquired-dominion of itself already the beast-kingship. (19)

स चैकदा पिपासाकुलितः पानीयं पातुं यमुनाकच्छमगच्छत् ।
He and one day with thirst-pained water to drink to the Yamunâ-bank went.

तेन च तत्र सिंहेनाननुभूतपूर्वमकालघनगर्जितमिव
By that and there lion unperceived-before, unseasonable-cloud-thundering like,

संजीवकनर्दितमश्रावि । तच्छ्रुत्वा पानीयमपीत्वा सचकितः
Sañjîvaka's-roaring was heard. That having heard water not-having drunk with-trembling

परिवृत्य स्वस्थानमागत्य किमिदमित्यालोचयंस्तूष्णीं स्थितः ।
turning round, to his-place having gone, 'What this!' thus reflecting silently remained.

स च तथाविधः करटकदमनकाभ्यामस्य मंत्रिपुत्राभ्यां
He and so-conditioned by Karaṭaka-and Damanaka of him the minister's-sons

शृगालाभ्यां दृष्टः । तं तथाविधं दृष्ट्वा दमनकः करटकमाह ।
two jackals seen. Him in this-state having seen Damanaka Karaṭaka accosts:

सखे करटक किमित्ययमुदकार्थी स्वामी पानीयमपीत्वा
Friend Karaṭaka, why thus this water-desiring master water not-having drunk

सचकितो मंदं मंदमुपतिष्ठते। करटको ब्रूते। मित्र दमनक
with-trembling slowly slowly stands off! Karataka says: Friend Damanaka,

अस्मन्मतेनास्य सेवैव न क्रियते। यदि तथा भवति तर्हि
by our-advice of him attendance certainly not is made. If thus it is, then

किमनेन स्वामिचेष्टानिरूपणेनास्माकं। यतोऽनेन राज्ञा विना-
what with this the master's-actions-pondering of us? For by this king without

पराधेन चिरमवधीरिताभ्यामावाभ्यां महद्दुःखमनुभूतं।
offence long slighted, by us great pain suffered.

सेवया धनमिच्छद्भिः सेवकैः पश्य यत्कृतं।
Through attendance wealth wishing by attendants behold what done,

स्वातंत्र्यं यच्छरीरस्य मूढैस्तदपि हारितं ॥२०॥
the independance which of the body, by the fools that even allowed to be taken away. (20)

अपरं च। शीतवातातपक्लेशान्सहंते यान्पराश्रिताः।
Another and, Cold-wind-heat-fatigue endure what the on another-dependant,

तदंशेनापि मेधावी तपस्तप्त्वा सुखी भवेत् ॥२१॥
of that-with a part even a wise man penance having done, happy might be. (21)

अन्यच्च। एतावज्जन्मसाफल्यं यदनायत्तवृत्तिता।
Another and, So far birth-fruitfulness, as independant-existence;

ये पराधीनतां यातास्ते वै जीवंति के मृताः ॥२२॥
Who to on another-dependance gone, (granted that) those live, who dead? (22)

अपरं च। एहि गच्छ पतोत्तिष्ठ वद मौनं समाचर।
Again and, Come near! Go! Fall down! Get up! Speak! Silence observe!

एवमाशाग्रहग्रस्तैः क्रीडंति धनिनोऽर्थिभिः ॥२३॥
Thus with the hope-demon-seized play the rich, with the needy. (23)

किंच। अबुधैरर्थलाभाय पण्यस्त्रीभिरिव स्वयं।
Moreover, By the unwise for wealth-obtainment, by venal-women as, of their own accord

आत्मा संस्कृत्य संस्कृत्य परोपकरणीकृतः ॥२४॥
their own self having ornamented, having ornamented (it), of others-the slave-(is) made. (24)

किंच। या प्रकृत्यैव चपला निपतत्यशुचावपि।
Moreover, Which by nature already unsteady falls on the impure even,

स्वामिनो बहु मन्यंते दृष्टिं तामपि सेवकाः ॥२५॥
of a master highly esteem the look that even attendants. (25)

अपरं च । मौनान्मूर्खः प्रवचनपटुर्वातुलो जल्पको वा
Again and, Because of silence (he is) a fool; in speech-clever, windy, a prattler or;

क्षान्त्या भीरुर्यदि न सहते प्रायशो नाभिजातः ।
through forbearance cowardly; if not he forbears, most likely not well-born;

धृष्टः पार्श्वे वसति नियतं दूरतश्चाप्रगल्भः
Insolent, (if) at the side he remains; constantly afar and, diffident;

सेवाधर्मः परमगहनो योगिनामप्यगम्यः ॥२६॥
attendance-duty of extreme-profoundness for Yogins even impracticable. (26)

विशेषतश्च । प्रणमत्युन्नतिहेतोर्जीवितहेतोर्विमुंचति प्राणान् ।
Particularly and, He bows down for elevation's-sake, for life's-sake he gives up life,

दुःखीयति सुखहेतोः को मूढः सेवकादन्यः ॥२७॥
he suffers pain for pleasure's-sake what fool from an attendant different! (27)

दमनको ब्रूते । मित्र सर्वथा मनसापि नैतत्कर्तव्यं ।
Damanaka says: Friend, wholly in mind even not that to be done.

यतः । कथं नाम न सेव्यंते यत्नतः परमेश्वराः ।
For, Why namely not are attended with care the supreme-lords,

अचिरेणैव ये तुष्टाः पूरयंति मनोरथान् ॥२८॥
quickly indeed who satisfied fulfil the heart's desires? (28)

अन्यच्च पश्य । कुतः सेवाविहीनानां चामरोद्धूतसंपदः ।
Another and behold: Whence of the service-deprived the by the Châmara*-exalted-fortunes,

उद्दंडधवलच्छत्रं वाजिवारणवाहिनी ॥२९॥
the on a pole raised-white-umbrella†, of horses-and elephants-a troop? (29)

करटको ब्रूते । तथापि किमनेनास्माकं व्यापारेण । यतो
Karataka says: Thus even, what with this of us business? For

ऽव्यापारेषु व्यापारः सर्वथा परिहरणीयः । पश्य ।
in not-(one's own) business business wholly to be avoided. Behold:

---

* Châmara, a fly-flap commonly made of the tail of the bos grunniens, and conferred as an emblem of royal favour.

† The white canopy, an emblem of royalty.

अव्यापारेषु व्यापारं यो नरः कर्तुमिच्छति।
In not-(his own) business business what man to do wishes,

स भूमौ निहतः शेते कीलोत्पाटीव वानरः ॥३०॥
he on the ground struck down lies, the wedge-extracting like ape. (30)

दमनकः पृच्छति। कथमेतत्। करटकः कथयति। अस्ति मगधदेशे
Damanaka asks: How that? Karaṭaka relates: There is in the Magadha-country

धर्मारण्यसंनिहितवसुधायां शुभदत्तनाम्ना कायस्थेन विहारः
in one the Dharmawood-adjoining-ground by a S'ubhadatta-named Kâyastha* a sanctuary

कर्तुमारब्धः। तत्र करपत्रदार्यमाणैकस्तंभस्य कियद्दूरस्फाटितस्य
to build begun. There of a with a saw-being split-post a little-way-divided

काष्ठखंडद्वयमध्ये कीलकः सूत्रधारेण निहितः। तत्र बलवान्वानर-
in the wood-part-couple-middle a wedge by the carpenter put in. There a mighty monkey-

यूथः क्रीडन्नागतः। एको वानरः कालप्रेरित इव तं कीलकं
herd playing approached. One monkey, by Fate-driven as it were, that wedge

हस्ताभ्यां धृत्वोपविष्टः। तत्र तस्य मुष्कद्वयं लंबमानं
with both hands having seized sat down. There of him the lower parts hanging down

काष्ठखंडद्वयाभ्यंतरे प्रविष्टं। अनंतरं स च सहजचपलतया
in the wood-part-couple-interval entered. Thereupon he and through inborn-giddiness

महता प्रयत्नेन तं कीलकमाकृष्टवान्। आकृष्टे च कीलके
with great effort that wedge drew out. Being drawn out and the wedge,

चूर्णितांडद्वयः पंचत्वं गतः। अतोऽहं ब्रवीमि। अव्यापारेषु
with smashed-lower parts to death gone. Therefore I say: 'In not-(his own) business

व्यापारमित्यादि। दमनको ब्रूते। तथापि स्वामिचेष्टानिरूपणं
business' &c. Damanaka says: Thus even a master's-actions-pondering

सेवकेनावश्यं करणीयं। करटको ब्रूते। सर्वस्मिन्नधिकारे य
by an attendant necessarily to be made. Karaṭaka says: In every office who

एव नियुक्तः प्रधानमंत्री स करोतु यतोऽनुजीविना
verily appointed, the chief-minister, he may do (so), for by an inferior

पराधिकारचर्चा सर्वथा न कर्तव्या।
of another's-office-investigation wholly not to be made.

---

* Member of a mixed caste, chiefly employed as writers.

पश्य । पराधिकारचर्चां यः कुर्यात्स्वामिहितेच्छया ।
Behold: Of another's-office-investigation who should do from master-welfare-desire,

स विषीदति चीत्काराद्गर्दभस्ताडितो यथा ॥३१॥
he fares ill, for (his) braying the donkey beaten as. (31)

दमनकः पृच्छति । कथमेतत् । करटको ब्रूते । अस्ति वाराणस्यां
Damanaka asks: How that? Karataka says: There is in Vârâṇasî

कर्पूरपटको नाम रजकः । स चाभिनववयस्कया वध्वा सह चिरं
Karpûrapaṭaka by name a washerman. He and (his) young-aged wife with long

निधुवनं कृत्वा निर्भरमालिंग्य प्रसुप्तः । तदनंतरं तद्गृहद्रव्याणि
sport having made, heartily having embraced, fallen asleep. Thereupon his-house's-things

हर्तुं चौरः प्रविष्टः । तस्य प्रांगणे गर्दभो बद्धस्तिष्ठति कुक्कुरश्चो-
to rob a thief entered. Of it in the yard a donkey fastened stands, a dog and

पविष्टोऽस्ति । अथ गर्दभः श्वानमाह । सखे भवतस्तावदयं
seated is. Now the donkey to the dog says: Friend, of you then this

व्यापारः । तत्किमिति त्वमुच्चैः शब्दं कृत्वा स्वामिनं न जागरयसि ।
a business; then why thus thou loud a noise having made the master not dost thou waken?

कुक्कुरो ब्रूते । भद्र मम नियोगस्य चर्चा त्वया न कर्तव्या ।
The dog says: My dear, of me of the business investigation by thee not to be made.

त्वमेव किं न जानासि यथा तस्याहर्निशं गृहरक्षां
Thou indeed (what?) not dost thou know, how of him day-and night house-guarding

करोमि । यतोऽयं चिरान्निर्वृतो ममोपयोगं न जानाति तेना-
I make? Because he long untroubled, of me the use not knows, therefore

धुनापि ममाहारदाने मंदादरः । यतो विना विधुरदर्शनं
(is he) now also of me for the food-giving little-caring. For without alarm-seeing

स्वामिन उपजीविषु मंदादरा भवंति ।
masters for the dependants little-caring are.

गर्दभो ब्रूते । शृणु रे बर्बर ।
The donkey says: Listen, oh idiot:

याचते कार्यकाले यः स किं भृत्यः स किं सुहृत् ।
Asks at action-time who, he (what?) a servant, he (what!) a friend?

कुक्कुरो ब्रूते।
The dog says:

भृत्यान्संभाषयेद्यस्तु कार्यकाले स किं प्रभुः ॥३२॥
The servants should address who but at action-time (only), he (what?) a lord? (32)

यतः। आश्रितानां भृतौ स्वामिसेवायां धर्मसेवने।
For, Of the dependants in the maintenance, in master-service, in law-observance,

पुत्रस्योत्पादने चैव न संति प्रतिहस्तकाः ॥३३॥
of a son in the begetting and likewise not there are substitutes. (33)

ततो गर्दभः सकोपमाह। अरे दुष्टमते पापीयांस्त्वं
Then the donkey with-anger says: Oh thou wicked-minded, very villainous thou,

यद्विपत्तौ स्वामिकार्ये उपेक्षां करोषि। भवतु
because in misfortune for the master's-business disregard thou makest. Let it be

तावत्। यथा स्वामी जागरिष्यति तन्मया कर्तव्यं।
though! That the master shall awake, that by me to be made.

यतः। पृष्ठतः सेवयेदर्कं जठरेण हुताशनं।
For, On the back one should serve the sun, with the belly the fire,

स्वामिनं सर्वभावेन परलोकममायया ॥३४॥
the master with one's whole-being, the other-world without-guile. (34)

इत्युक्त्वातीव चीत्कारशब्दं कृतवान्। ततः स रजकस्तेन
Thus saying exceedingly braying-noise he was making. Then that washerman by that

चीत्कारेण प्रबुद्धो निद्राभंगकोपादुत्थाय गर्दभं लगुडेन
braying aroused through sleep-interruption-anger having got up the donkey with a stick

ताडयामास। तेनासौ पंचत्वमगमत्। अतो ऽहं ब्रवीमि। पराधि-
beating was. By that he to death went. Therefore I say: Of another's-

कारचर्चामित्यादि। पश्य। पशूनामन्वेषणमेवास्मन्नियोगः।
business-investigation &c. Behold! For game searching only our-business.

स्वनियोगचर्चा क्रियतां। विमृश्य। किंत्वद्य तया
Of one's own-business-investigation be made! (Having reflected:) However to-day for that

चर्चया न प्रयोजनं यत आवयोर्भक्षितशेषाहारः प्रचुरो ऽस्ति।
consideration not need, for of us of the meal-remaining-food plentiful is.

दमनकः सरोषमाह । कथमाहारार्थी भवान्केवलं राजानं सेवते ।
Damanaka with-anger says: How for food-seeking you merely the king serve?

एतदयुक्तमुक्तं त्वया ।
This improper said by thee.

यतः । सुहृदामुपकारकारणाद्विषतामप्यपकारकारणात् ।
For, Of friends for assistance's-sake, of enemies also for injury's-sake

नृपसंश्रय इष्यते बुधैर्जठरं को न बिभर्ति केवलं ॥३५॥
a king's-society is sought by the wise; the belly who not supports merely? (35)

जीविते यस्य जीवंति विप्रा मित्राणि बांधवाः ।
In the life of whom live the wise, friends, relations,

सफलं जीवितं तस्य आत्मार्थे को न जीवति ॥३६॥
fruitful the life of him; for his own-sake who not lives? (36)

अपि च । यस्मिञ्जीवति जीवंति बहवः स तु जीवतु ।
Also and, In whom living live many, he truly may live;

काको ऽपि किं न कुरुते चंच्वा स्वोदरपूरणं ॥३७॥
the crow also (what?) not does he make with the beak of his-belly-filling? (37)

पश्य । पंचभिर्याति दासत्वं पुराणैः को ऽपि मानवः ।
Behold, For five goes to servitude Purāṇas* some man;

को ऽपि लक्षैः कृती को ऽपि लक्षैरपि न लभ्यते ॥३८॥
some man (is) through Lacs† satisfied, some man through Lacs even not is taken. (38)

अन्यच्च । मनुष्यजातौ तुल्यायां भृत्यत्वमतिगर्हितं ।
Another and, Man-kind (being) equal servitude (is) extremely-despised,

प्रथमो यो न तत्रापि स किं जीवत्सु गण्यते ॥३९॥
the first who not there even, he (what?) among the living is counted? (39)

तथा चोक्तं । वाजिवारणलोहानां काष्ठपाषाणवाससां ।
Thus and said, Of horses-elephants-metals, of timber-stone-clothes,

नारीपुरुषतोयानामंतरं महदंतरं ॥४०॥
of women-man-water the difference a great difference. (40)

---

* Old coins, coins of small value.

† Lac, one hundred thousand.

तथा हि स्वल्पमप्यतिरिच्यते ।
Thus namely a very-little also is highly valued.

स्वल्पस्नायु वसावशेषमलिनं निर्मांसमप्यस्थिकं
Very-few-sinews (having) with fat-remnants-dirty fleshless even small bone

श्वा लब्ध्वा परितोषमेति न भवेत्तस्य क्षुधः शांतये ।
a dog having got to contentment goes; not may it be of him of the hunger for the allayment;

सिंहो जंबुकमंकमागतमपि त्यक्त्वा निहंति द्विपं
a lion the jackal to his side approached even letting go strikes down the elephant;

सर्वः कृच्छ्रगतो ऽपि वांछति जनः सत्त्वानुरूपं फलं ॥४१॥
every to straits-come even longs for person his strength-suiting fruit. (41)

अपरं च । सेव्यसेवकयोरंतरं पश्य ।
Another and, Of master-and servant the difference behold:

लांगूलचालनमधश्चरणावपातं
Tail-wagging, down at the feet-falling,

भूमौ निपत्य वदनोदरदर्शनं च ।
to the ground having fallen face-belly-showing and,

श्वा पिंडदस्य कुरुते गजपुंगवस्तु
the dog of the food-giver makes; of elephants-an excellent one however

धीरं विलोकयति चाटुशतैश्च भुंक्ते ॥४२॥
gravely looks, with coaxing-hundreds and eats. (42)

किंच । यज्जीवति क्षणमपि प्रथितं मनुष्यैः
Moreover, What one lives a moment only celebrated by men,

विज्ञानविक्रमयशोभिरभज्यमानं ।
in wisdom-valour-glory un-scathed,

तन्नाम जीवितमिह प्रवदंति तज्ज्ञाः
that namely life here proclaim the truth-knowers;

काको ऽपि जीवति चिराय बलिं च भुंक्ते ॥४३॥
the crow also lives a long while, the oblation and eats. (43)

अपरं च । यो नात्मजे न गुरवे न च भृत्यवर्गे
Another and, Who not on a son, not to the instructor, not and on the servant-assemblage

दीने दयां न कुरुते न च बंधुवर्गे।
distressed, compassion not bestows, not and on the relation-assemblage,

किं तस्य जीवितफलेन मनुष्यलोके
What of him with the life-fruit in the man-world?

काको ऽपि जीवति चिरं च बलिं च भुंक्ते ॥४४॥
the crow also lives a long while and, the oblation and eats. (44)

अपरमपि। अहितहितविचारशून्यबुद्धेः
Another and, Of the of bad-and good-discrimination-empty-minded,

श्रुतिसमयैर्बहुभिस्तिरस्कृतस्य।
by scripture-laws many reproached,

उदरभरणमात्रकेवलेच्छोः
belly-maintenance-only-merely-wishing,

पुरुषपशोश्च पशोश्च को विशेषः ॥४५॥
of the man-beast and, of the beast and what difference? (45)

करटको ब्रूते। आवां तावदप्रधानौ तदाप्यावयोः किमनया
Karataka says: We both, *first*, are not-premiers; then also of us what with this

विचारणया। दमनको ब्रूते। कियता कालेनामात्याः प्रधानताम्-
reflection? Damanaka says: In how much time (do) ministers premiership

अप्रधानतां वा लभंते।
not-premiership or obtain?

यतः। न कस्यचित्कश्चिदिह स्वभावात्
For, Not to any one any one here because of his-nature

भवत्युदारो ऽभिमतः खलो वा।
is noble considered vile or;

लोके गुरुत्वं विपरीततां वा
in the world to respectability the reverse or

स्वचेष्टितान्येव नरं नयंति ॥४६॥
his own-actions merely a man lead. (46)

किंच। आरोप्यते शिला शैले यत्नेन महता यथा।
Moreover, It is elevated a rock on a mountain with effort great as,

निपात्यते क्षणेनाधस्तथात्मा गुणदोषयोः ॥४७॥
is made to fall in a moment down,— thus the soul in virtue-and vice. (47)

यात्यधो ऽधो व्रजत्युच्चैर्नरः स्वैरेव कर्मभिः ।
He goes down down, he goes upwards a man through his own merely actions,

कूपस्य खनिता यद्वत्प्राकारस्येव कारकः ॥४८॥
of a well the digger as, of a wall as the builder. (48)

तद्भद्रं । स्वयत्नायत्तो ह्यात्मा सर्वस्य ।
That (is) good. On one's own-efforts-dependant indeed (is) the self of every one.

करटको ब्रूते । अथ भवान्किं ब्रवीति । स आह । अयं तावत्
Karataka says: Now you what do you say? He says: This then

स्वामी पिंगलकः कुतो ऽपि कारणात्सचकितः परिवृत्योपविष्टः ।
master Pingalaka from some cause with-trembling having turned back has sat down.

करटको ब्रूते । किं तत्त्वं जानासि । दमनको ब्रूते ।
Karataka says: (What?) the truth dost thou know? Damanaka says:

किमत्राविदितमस्ति । उक्तं च ।
What here unknown is? said and:

उदीरितो ऽर्थः पशुनापि गृह्यते
Uttered a thing by an animal even is comprehended,

हयाश्च नागाश्च वहंति देशिताः ।
horses and elephants and carry (as) directed;

अनुक्तमप्यूहति पंडितो जनः
the unspoken also guesses a wise man,

परेंगितज्ञानफला हि बुद्धयः ॥४९॥
By another's-gestures-understanding-rewarded indeed (is) intelligence. (49)

आकारैरिंगितैर्गत्या चेष्टया भाषणेन च ।
By appearances, by gestures, by the movement, by the action, by conversation and,

नेत्रवक्त्रविकारैश्च लक्ष्यते ऽन्तर्गतं मनः ॥५०॥
by eye-and countenance-change is discovered the inward mind. (50)

अत्र भयप्रस्तावे प्रज्ञाबलेनाहमेनं स्वामिनमात्मीयं करिष्यामि ।
Here in the fear-occasion by intellect-power I that master my own shall make.

यतः । प्रस्तावसदृशं वाक्यं सद्भावसदृशं प्रियं ।
For, To the occasion-conformable speech, to worthiness-conformable love,

आत्मशक्तिसमं कोपं यो जानाति स पंडितः ॥५१॥
to his own-strength-equal anger who knows, he wise. (51)

करटको ब्रूते । सखे त्वं सेवानभिज्ञः । पश्य ।
Karaṭaka says: Friend, thou with service-unacquainted. Behold,

अनाहूतो विशेद्यस्तु अपृष्टो बहु भाषते ।
Uncalled should enter who but, (who) unasked much talks,

आत्मानं मन्यते प्रीतं भूपालस्य स दुर्मतिः ॥५२॥
(who) himself thinks beloved of an earth-protector, he of weak-understanding. (52)

दमनको ब्रूते । भद्र कथमहं सेवानभिज्ञः । पश्य ।
Damanaka says: Dear, how I with service-unacquainted? Behold:

किमप्यस्ति स्वभावेन सुंदरं वाप्यसुंदरं ।
Anything is by nature beautiful or also not-beautiful?

यदेव रोचते यस्मै भवेत्तत्तस्य सुंदरं ॥५३॥
What indeed is agreeable to some one, it will be that to him beautiful. (53)

यतः । यस्य यस्य हि यो भावस्तेन तेन हि तं नरं ।
For, Of whom so-ever indeed what (is) the character, by that (character) indeed that man

अनुप्रविश्य मेधावी क्षिप्रमात्मवशं नयेत् ॥५४॥
insinuating himself the wise quickly into his own-power may lead. (54)

अन्यच्च । को ऽत्रेत्यहमिति ब्रूयात्सम्यगादेशयेति च ।
Another and, 'Who there?' thus (being asked) 'I' thus he should say 'kindly command' thus and,

आज्ञामवितथां कुर्याद्यथाशक्ति महीपतेः ॥५५॥
the command not-futile he should make according to-strength of an earth-lord. (55)

अपरं च । अल्पेच्छुर्धृतिमान्प्राज्ञश्छायेवानुगतः सदा ।
Another and, Little-wishing, steady, intelligent, shadow-like attending always,

आदिष्टो न विकल्पेत स राजवसतौ वसेत् ॥५६॥
ordered not he will hesitate— he in a king's-dwelling may live. (56)

करटको ब्रूते । कदाचित्त्वामनवसरप्रवेशादवमन्यते स्वामी ।
Karaṭaka says: Sometimes thee for inopportune-intrusion slights the master,

स चाह । अस्त्येवं तथाप्यनुजीविना स्वामिसांनिध्यमवश्यं
He and says: Be it thus; thus even by an attendant master-attendance necessarily

करणीयं ।
to be made.

यतः । दोषभीतेरनारंभस्तत्कापुरुषलक्षणं ।
For, Through fault-fear non-commencement, that of a weak man-the mark;

कैरजीर्णभयाद्भ्रातर्भोजनं परिहीयते ॥५७॥
by whom through indigestion-fear, Oh brother! food is avoided? (57)

पश्य । आसन्नमेव नृपतिर्भजते मनुष्यं
Behold, The approached only a king favours man,

विद्याविहीनमकुलीनमसंगतं वा ।
of knowledge-destitute, unnoble, unconnected or;

प्रायेण भूमिपतयः प्रमदा लताश्च
Commonly earth-lords, flirts, creepers and,

यः पार्श्वतो वसति तं परिवेष्टयंति ॥५८॥
who at the side dwells, him they embrace. (58)

करटको ब्रूते । अथ तत्र गत्वा किं वक्ष्यति भवान् । स आह ।
Karataka says: Now there having gone what will say you? He says:

शृणु । किमनुरक्तो विरक्तो वा मयि स्वामीति
Listen. 'Whether favourable unfavourable or towards me the master,' thus

ज्ञास्यामि । करटको ब्रूते । किं तज्ज्ञानलक्षणं । दमनको
I shall learn. Karataka says: What of that-knowledge-the mark? Damanaka

ब्रूते । शृणु ।
says: Listen.

दूरादवेक्षणं हासः संप्रश्नेष्वादरो भृशं ।
From afar looking, smiling, in the enquiries attention exceedingly,

परोक्षेऽपि गुणश्लाघा स्मरणं प्रियवस्तुषु ॥५९॥
in the absent even virtue-praise, dwelling on agreeable-things. (59)

असेवके चानुरक्तिर्दानं सप्रियभाषणं ।
To (him, when) not-serving also attachment, giving with-kind-words,

अनुरक्तेषु चिह्नानि दोषे ऽपि गुणसंग्रहः ॥६०॥
in favourable ones (these are) the marks, in a fault even merit-acknowledgment. (60)

अन्यच्च । कालयापनमाशानां वर्धनं फलखंडनं ।
Another and, Procrastination, of hopes increase, of reward-diminution,

विरक्तेश्वरचिह्नानि जानीयान्मतिमान्नरः ॥६१॥
as an unfavourable-master's-marks should know the intelligent man. (61)

एतज्ज्ञात्वा यथा चायं ममायत्तो भविष्यति तथा करिष्यामि ।
This having learned, that further he on me dependant will be, thus I shall act.

यतः । अपायसंदर्शनजां विपत्तिमुपायसंदर्शनजां च सिद्धिं ।
For, From fault-appearance-produced failure, from artifice-appearance-produced and success,

मेधाविनो नीतिविधिप्रयुक्तां पुरः स्फुरंतीमिव दर्शयंति ॥६२॥
the wise by policy-rules-ordained, in front beaming as it were show. (62)

करटको ब्रूते । तथाप्यप्राप्ते प्रस्तावे न वक्तुमर्हसि ।
Karataka says: Thus also, not being obtained an occasion, not to speak thou oughtest.

यतः । अप्राप्तकालवचनं बृहस्पतिरपि ब्रुवन् ।
For, An unseasonable-word Brihaspati also uttering,

प्राप्नुयाद्बुद्ध्यवज्ञानमपमानं च शाश्वतं ॥६३॥
might obtain understanding-contempt, disgrace and eternal. (63)

दमनको ब्रूते । मित्र मा भैषीः । नाहमप्राप्तावसरं वचनं
Damanaka says: Friend, not be afraid, not I an inopportune word

वदिष्यामि ।
shall speak.

यतः । आपद्युन्मार्गगमने कार्यकालात्ययेषु च ।
For, In misfortune, in wrong way-going, in action-time-passing away and,

अपृष्टेनापि वक्तव्यं भृत्येन हितमिच्छता ॥६४॥
by an unasked even to be spoken, by a servant good wishing. (64)

यदि च प्राप्तावसरेणापि मया मंत्रो न वक्तव्यस्तदा
If and having found-an opportunity even by me counsel not to be spoken, then

मंत्रित्वमेव ममानुपपन्नं ।
the counsellorship certainly of me improper.

यतः। कल्पयति येन वृत्तिं येन च लोके प्रशस्यते सद्भिः।
For, He obtains by which a livelihood, through which and in the world he is praised by the good,

स गुणस्तेन च गुणिना रक्ष्यः संवर्धनीयश्च ॥६५॥
that quality by him and that quality possessing to be guarded, to be improved and. (65)

तद्भद्रानुजानीहि मां। गच्छामि। करटको ब्रूते। शुभमस्तु
Therefore, dear, grant leave to me; I go. Karaṭaka says: 'Prosperous be it;

शिवास्ते पंथानः। यथाभिलषितमनुष्ठीयतामिति। ततो दमनको
blessed of thee the ways; according to-desire let it be executed' thus. Then Damanaka

विस्मित इव पिंगलकसमीपं गतः। अथ दूरादेव सादरं
amazed as it were to Piṅgalaka's-proximity gone. Then from afar already with-respect

राज्ञा प्रवेशितः साष्टांगप्रणिपातं प्रणिपत्योपविष्टः।
by the king bidden to enter with the eight-limbs-prostration having fallen down sat down.

राजाह। चिराद्दृष्टो ऽसि। दमनको ब्रूते। यद्यपि मया
The king says: A long time ago seen thou art. Damanaka says: If even of me

सेवकेन श्रीमद्देवपादानां न किंचित्प्रयोजनमस्ति तथापि
as attendant of the blessed-Sire's-feet not any need is, thus even

प्राप्तकालमनुजीविना सांनिध्यमवश्यं कर्तव्यमित्यागतो ऽस्मि।
'at proper-time by an attendant approach necessarily to be made' thus come I am.

किंच। दंतस्य निर्घर्षणकेन राजन् कर्णस्य कंडूयनकेन वापि।
Moreover, Of a tooth as a picker, O king, of the ear as a tickler or also,

तृणेन कार्यं भवतीश्वराणां किमंग वाक्पाणिमता नरेण ॥६६॥
for a straw need is of lords, how much more for an of speech-and hand-possessed man? (66)

यद्यपि चिरेणावधीरितस्य देवपादैर्मे बुद्धिनाशः शंक्यते
If also since long of the slighted by the Sire's-feet of me intellect-loss is apprehended,

तदपि न शंकनीयं।
that also not to be apprehended.

यतः। कदर्थितस्यापि च धैर्यवृत्तेः
For, Of the contemned even and with resolute-character endowed,

बुद्धेर्विनाशो न हि शंकनीयः।
of the intellect loss not indeed to be apprehended,

अधः कृतस्यापि तनूनपातः
Of the downwards turned also fire

नाधः शिखा याति कदाचिदेव ॥ ६७ ॥
not downwards the flame goes ever indeed. (67)

देव तत्सर्वथा विशेषज्ञेन स्वामिना भवितव्यं ।
Sire, therefore wholly difference-knowing by the lord to be.

यतः । मणिर्लुठति पादेषु काचः शिरसि धार्यते ।
For, A gem rolls on the feet, glass on the head is worn,

यथैवास्ते तथैवास्तां काचः काचो मणिर्मणिः ॥ ६८ ॥
as just it sits, thus just let it sit,— glass (is) glass, a gem a gem. (68)

अन्यच्च । निर्विशेषो यदा राजा समं सर्वेषु वर्तते ।
Another and, Without-difference when a king alike to all behaves,

तदोद्यमसमर्थानामुत्साहः परिहीयते ॥ ६९ ॥
then of the exertion-able the energy is lost. (69)

किंच । त्रिविधाः पुरुषा राजन्नुत्तमाधममध्यमाः ।
Moreover, Threefold (are) the men, O king, highest-middling-lowest,

नियोजयेत्तथैवैतांस्त्रिविधेष्वेव कर्मसु ॥ ७० ॥
he should employ thus also them in threefold verily actions. (70)

यतः । स्थान एव नियोज्यंते भृत्याश्चाभरणानि च ।
For, In (their) place only are employed attendants and, ornaments and.

न हि चूडामणिः पादे नूपुरं शिरसा कृतं ॥ ७१ ॥
not indeed a crest-jewel on the foot, an ancle-ornament on the head (is) placed. (71)

अपि च । कनकभूषणसंग्रहणोचितो
Also and, A gold-ornament-enclosure-deserving

यदि मणिस्त्रपुणि प्रणिधीयते ।
if a jewel in lead is set,

न स विरौति न चापि विशोभते
not that wails, not and also shines.

भवति योजयितुर्वचनीयता ॥ ७२ ॥
there is of the setter blamableness. (72)

अन्यच्च। मुकुटे रोपितः काचश्चरणाभरणे मणिः।
Another and, On a diadem mounted glass, on a foot-ornament a jewel—

न हि दोषो मणेरस्ति किंतु साधोरविज्ञता ॥७३॥
not certainly a fault of the jewel is, but the merchant's ignorance. (73)

पश्य। बुद्धिमाननुरक्तोऽयमयं शूर इतो भयं।
Behold, 'Intelligent attached this one, this one a hero, hence fear'—

इति भृत्यविचारज्ञो भृत्यैरापूर्यते नृपः ॥७४॥
thus of attendants-discrimination-knowing with attendants abounds a prince. (74)

तथा हि। अश्वः शस्त्रं शास्त्रं वीणा वाणी नरश्च नारी च।
Thus namely: A horse, a weapon, knowledge, a lute, speech, a man and, a woman and,

पुरुषविशेषं प्राप्य हि भवंति योग्या अयोग्याश्च ॥७५॥
to different-men having come certainly, are useful useless and. (75)

अन्यच्च। किं भक्तेनासमर्थेन किं शक्तेनापकारिणा।
Another and, What with an attached unable one? what with an able hostile one?

भक्तं शक्तं च मां राजन्नावज्ञातुं त्वमर्हसि ॥७६॥
attached able and me, O king, not to despise thou oughtest. (76)

यतः। अवज्ञानाद्राज्ञो भवति मतिहीनः परिजनः
For, Through the contempt of a king becomes wit-forsaken the attendant,

ततस्तत्प्रामाण्याद्भवति न समीपे बुधजनः।
then because of his-example is not in the proximity a wise-man;

बुधैस्त्यक्ते राज्ये न हि भवति नीतिर्गुणवती
in a by the wise abandoned kingdom not indeed is policy prosperous,

विपन्नायां नीतौ सकलमवशं सीदति जगत् ॥७७॥
failing the policy, the whole ungoverned sinks world. (77)

अपरं च। जनं जनपदा नित्यमर्चयंति नृपार्चितं।
Another and, A man the people constantly honour (who is) by the prince-honoured,

नृपेणावमतो यस्तु स सर्वैरवमन्यते ॥७८॥
by the prince despised who but, he by all is despised. (78)

किंच। बालादपि ग्रहीतव्यं युक्तमुक्तं मनीषिभिः।
Moreover, From a child even to be received a proper word by wise men,

रवेर्विषये किं न प्रदीपस्य प्रकाशनं ॥७९॥
in the Sun's absence (is) not of a lamp illumination? (79)

पिंगलको ऽवदत्। भद्र दमनक किमेतत्। त्वमस्मदीयप्रधानामा-
Piṅgalaka said: Dear Damanaka, what this? Thou of-our-prime-minister-

त्यपुत्र इयंतं कालं यावत्कुतो ऽपि खलवाक्यान्नागतो
the son so long a time since, because of some malignant-talk, not approached

ऽसि। इदानीं यथाभिमतं ब्रूहि। दमनको ब्रूते। देव पृच्छामि
thou art. Now as-desired speak. Damanaka says: Sire, I ask,

किंचिदुच्यतां। उदकार्थी स्वामी पानीयमपीत्वा किमिति
something may be told: for water-longing the lord water not-having drunk why thus

विस्मित इव तिष्ठति। पिंगलको ऽवदत्। भद्रमुक्तं त्वया। किंत्वे-
amazed as it were stands? Piṅgalaka said: Well spoken by thee. However

तद्रहस्यं वक्तुं काचिद्विश्वासभूमिर्नास्ति। तथापि निभृतं कृत्वा
this secret to tell any confidence-place not is. Thus even, secretly doing,

कथयामि। शृणु। संप्रति वनमिदमपूर्वसत्त्वाधिष्ठितमतो ऽस्माकं
I tell. Listen: At present forest this by strange-being-inhabited, therefore for us

त्याज्यं। अनेन हेतुना विस्मितो ऽस्मि। तथा च श्रुतो मयापि
to be left. For this reason amazed I am. Thus and heard by me also

महानपूर्वशब्दः। शब्दानुरूपेणास्य प्राणिनो महता बलेन
a loud strange-voice. With the voice-corresponding of that creature great the strength

भवितव्यं। दमनको ब्रूते। देव अस्ति तावदयं महान्भयहेतुः। स
must be. Damanaka says: Sire, it is indeed this a great fear-cause. That

शब्दो ऽस्माभिरप्याकर्णितः। किंतु स किं मंत्री यः प्रथमं
voice by us also heard. However (is) he (what?) a counsellor, who first

भूमित्यागं पश्चाद्युद्धं चोपदिशति। अस्मिन्कार्यसंदेहे भृत्यानामु-
place-abandonment, afterwards war and advises? In this action-doubt of the attendants-

पयोग एव ज्ञातव्यः।
the use verily to be learnt.

यतः। बंधुस्त्रीभृत्यवर्गस्य बुद्धेः सत्त्वस्य चात्मनः।
For, Of the relation-women-attendant-class, of the intelligence, of the strength and of himself,

आपन्निकषपाषाणे नरो जानाति सारतां ॥८०॥
on the misfortune-touchstone a man learns the worth. (80)

सिंहो ब्रूते । भद्र महती शंका मां बाधते । दमनकः पुनराह
The lion says: Dear, a great apprehension me strikes. Damanaka again says

स्वगतं । अन्यथा राज्यसुखं परित्यज्य स्थानांतरं गंतुं कथं मां
to himself: Otherwise the royalty-pleasure giving up to another place to go how me

संभाषसे । प्रकाशं ब्रूते । देव यावदहं जीवामि तावद्भयं न
thou tell'st! Aloud he says: Sire, as long as I live so long *fear* not

कर्तव्यं । किंतु करटकादयो ऽप्याश्वास्यंतां यस्मादापत्प्रतीकारकाले
to be made. However Karaṭaka &c. also may be encouraged, for at misfortune-averting-time

दुर्लभः पुरुषसमवायः । ततस्तौ दमनककरटकौ
difficult-to be got a man-combination. Then those two Damanaka-and Karaṭaka

राज्ञा सर्वस्वेनापि पूजितौ भयप्रतीकारं प्रतिज्ञाय चलितौ ।
by the king with every-gift also honoured fear-remedy having promised gone.

करटको गच्छन्दमनकमाह । सखे किं शक्यप्रतीकारो भयहेतुर-
Karaṭaka going to Damanaka says: Friend, how, *of* possible-remedy the *fear*-cause,

शक्यप्रतीकारो वेति न ज्ञात्वा भयोपशमं प्रतिज्ञाय कथमयं
of impossible-remedy or, thus not knowing fear-allayment having promised how this

महाप्रसादो गृहीतः । यतो ऽनुपकुर्वाणो न कस्याप्युपायनं
great-favour obtained? For one not-helping not of any one a present

गृह्णीयाद्विशेषतो राज्ञः ।
should receive, especially of a king:

पश्य । यस्य प्रसादे पद्मास्ते विजयश्च पराक्रमे ।
Behold, In whose *favour* Fortune resides, victory and in the attack,

मृत्युश्च वसति क्रोधे सर्वतेजोमयो हि सः ॥८१॥
death and dwells in the anger— all-splendour-containing indeed he. (81)

तथा हि । बालो ऽपि नावमंतव्यो मनुष्य इति भूमिपः ।
Thus *for*. (As) a child even not to be contemned 'a man (he is)' thus a king;

महती देवता ह्येषा नररूपेण तिष्ठति ॥८२॥
a great goddess *for* that with man-form stands. (82)

दमनको विहस्याह। मित्र तूष्णीमास्यतां। ज्ञातं मया भयकारणं।
Damanaka laughing says: Friend, quiet remain. Known by me the fear-cause.

बलीवर्दनर्दितं तत्। वृषभाश्चास्माकमपि भक्ष्याः किं पुनः
Of a bull-the roaring that. Oxen and for us even to be eaten, how much more

सिंहस्य। करटको ब्रूते। यद्येवं तदा किं पुनः स्वामित्रासस्
for a lion. Karaṭaka says: If (it is) thus, then why again the master's-fear

तत्रैव किमिति नापनीतः। दमनको ब्रूते। यदि स्वामित्रासस्तत्रैव
there even why thus not led away? Damanaka says: If the master's-fear there even

मुच्यते तदा कथमयं महाप्रसादलाभः स्यात्।
is loosened, then how this great-favour-obtainment would be?

अपरं च। निरपेक्षो न कर्तव्यो भृत्यैः स्वामी कदाचन।
Another and, Free from-solicitude not to be made by attendants a master at any time,

निरपेक्षं प्रभुं कृत्वा भृत्यः स्याद्दधिकर्णवत् ॥८३॥
free from-solicitude the lord having made, the attendant might be Dadhikarṇa-like. (83)

करटकः पृच्छति। कथमेतत्। दमनकः कथयति। अस्त्युत्तरापथे
Karaṭaka asks: How that? Damanaka relates: There is on the north-road

ऽर्बुदशिखरनाम्नि पर्वते दुर्दांतो नाम महाविक्रमः सिंहः।
on an Arbuda-peak-named mountain Durdânta by name of great-valour a lion.

तस्य पर्वतकंदरमधिशयानस्य केशराग्रं कश्चिन्मूषिकः प्रत्यहं
Of him on a mountain-cave sleeping the mane-tip some mouse daily

छिनत्ति। ततः केशराग्रं लूनं दृष्ट्वा कुपितो विवरांतर्गतं
nibbles. Then the mane-tip cut having seen, enraged, the hole-entered

मूषिकमलभमानोऽचिंतयत्।
mouse not-catching he thought:

क्षुद्रशत्रुर्भवेद्यस्तु विक्रमान्नैव लभ्यते।
A small-enemy should be who but, through valour not indeed he is caught,

तमाहंतुं पुरस्कार्यः सदृशस्तस्य सैनिकः ॥८४॥
him to slay to be employed (is) similar to him a combatant. (84)

इत्यालोच्य तेन ग्रामं गत्वा विश्वासं कृत्वा
Thus having reflected, by him, to the village having gone, confidence having made,

दधिकर्णनामा बिडालो यत्नेनानीय मांसाहारं दत्त्वा
Dadhikarṇa-named a cat, with difficulty having led near, meat-food having given

स्वकंदरे स्थापितः । अनंतरं तद्भयान्मूषिको ऽपि बिलान्न
in his-cave placed. Thereupon of that-through fear the mouse also from the hole not

निःसरति । तेनासौ सिंहो ऽक्षतकेशरः सुखं स्वपिति । मूषिकशब्दं
goes out. Thereby that lion with unhurt-mane pleasantly sleeps. The mouse's-voice

यदा यदा शृणोति तदा तदा मांसाहारदानेन तं बिडालं संवर्धयति ।
when when he hears, then then with meat-food-giving that cat he regales.

अथैकदा स मूषिकः क्षुधापीडितो बहिः संचरन्बिडालेन प्राप्तो
Now one-day that mouse with hunger-pained out coming by the cat caught

व्यापादितश्च । अनंतरं स सिंहो ऽनेककालं यावन्मूषिकं न
killed and. Thereupon that lion many-times while the mouse not

पश्यति तत्कृतरावमपि न शृणोति तदा तस्यानुपयोगाद्
he sees, the by it-made-sound also not hears, then of her because of the uselessness

बिडालस्याप्याहारदाने मंदादरो बभूव । ततो ऽसावाहारविरहाद्
of the cat also for the food-giving little-caring he was. Then that through food-want

दुर्बलो दधिकर्णो ऽवसन्नो बभूव । अतो ऽहं ब्रवीमि । निरपेक्षो
strengthless Dadhikarṇa away-pining was. Therefore I say: Free from solicitude

न कर्तव्य इत्यादि । ततो दमनककरटकौ संजीवकसमीपं गतौ ।
not to be made &c. Then Damanaka-and Karaṭaka Sañjîvaka-near gone.

तत्र करटकस्तरुतले साटोपमुपविष्टः । दमनकः संजीवकसमीपं
There Karaṭaka at a tree-foot with-pride seated. Damanaka Sañjîvaka-near

गत्वाब्रवीत् । अरे वृषभ एषो ऽहं राज्ञा पिंगलकेनारण्यरक्षार्थं
having gone said: Ho bull, this I by king Piṅgalaka for the wood-protection

नियुक्तः । सेनापतिः करटकः समाज्ञापयति । सत्वरमागच्छ न
appointed. General Karaṭaka commands: With-haste approach; not

चेदस्मादरण्याद्दूरमपसर । अन्यथा ते विरुद्धं फलं भविष्यति ।
if, from this wood far away-go! Otherwise for the disagreeable the result will be.

न जाने क्रुद्धः स्वामी किं विधास्यति । तच्छ्रुत्वा संजीवकश्चायात् ।
Not do I know, the enraged lord what will do. That having heard Sañjîvaka also came near.

आज्ञाभंगो नरेंद्राणां ब्राह्मणानामनादरः ।
Command-breaking of man-kings of Brâhmans disrespect,

पृथक्शय्या च नारीणामशस्त्रविहितो वधः ॥८५॥
a separate-bed and of women (is) not-a weapon-inflicted death. (85)

ततो देशव्यवहारानभिज्ञः संजीवकः सभयमुपसृत्य
Then of the country-customs-ignorant Sañjîvaka with-fear having approached

साष्टांगपातं करटकं प्रणतवान् । तथा चोक्तं ।
with of the eight-limbs-prostration Karaṭaka saluted. Thus and said:

मतिरेव बलाद्गरीयसी यदभावे करिणामियं दशा ।
'Wit indeed than strength stronger, of which-in default of elephants this the state;'

इति घोषयतीव डिंडिमः करिणो हस्तिपकाहतः क्वणन् ॥८६॥
thus proclaims, as it were, the drum of the elephant by the driver-beaten sounding. (86)

अथ संजीवकः साशंकमाह । सेनापते किं मया कर्तव्यं ।
Now Sañjîvaka with-apprehension says: General, what by me to be done?

तदभिधीयतां । करटको ब्रूते । वृषभ अत्र कानने तिष्ठसि ।
That let be told. Karaṭaka says: Bull, here in the forest thou remainest.

अस्मद्देवपादारविंदं प्रणम । संजीवको ब्रूते । तदभयवाचं मे यच्छ ।
Before our-lord's-foot-lotus bow. Sañjîvaka says: Then the safety-word to me give.

गच्छामि । करटको ब्रूते । शृणु रे बलीवर्द । अलमनया शंकया ।
I go. Karaṭaka says: Listen, O bull! Enough with this apprehension.

यतः । प्रतिवाचमदत्त केशवः शपमानाय न चेदिभूभुजे ।
For, A reply gave Keśava to the cursing not Chedi-king*,

अनुहुंकुरुते घनध्वनिं न हि गोमायुरुतानि केसरी ॥८७॥
(he) roars a reply to the cloud's-sound, not indeed to the jackal's-yells, the lion. (87)

अन्यच्च । तृणानि नोन्मूलयति प्रभंजनो
Another and. Grasses not roots up the hurricane

मृदूनि नीचैः प्रणतानि सर्वतः ।
soft-ones lowly bending to all sides;

समुच्छ्रितानेव तरून्प्रबाधते
upraised only trees it slays down.

महान्महत्स्वेव करोति विक्रमं ॥८८॥
The great against the great only exercises his valour. (88)

ततस्तौ संजीवकं कियद्दूरे संस्थाप्य पिंगलकसमीपं गतौ। ततो
Then those two Sañjîvaka at some-distance having placed Piñgalaka-near gone. Then

राज्ञा सादरमवलोकितौ प्रणम्योपविष्टौ। राजाह। त्वया
by the king with-respect looked upon, having bowed, seated. The king says: By thee

स दृष्टः। दमनको ब्रूते। देव दृष्टः। किंतु यद्देवेन ज्ञातं
that one seen? Damanaka says: Sire, seen. However what by Your Majesty imagined,

तत्तथा। महानेवासौ। देवं द्रष्टुमिच्छति। किंतु महाबलो
that thus. Great indeed he. The lord to see he wishes. But of great-strength

ऽसौ ततः सज्जीभूयोपविश्य दृश्यतां। शब्दमात्रादेव
he; therefore being-prepared, having sat down, he may be seen. From the mere-sound only

न भेतव्यं। तथा चोक्तं।
not to be feared. Thus and said:

शब्दमात्रान्न भेतव्यमज्ञात्वा शब्दकारणं।
From the sound-merely not to be feared, not-having ascertained the sound-cause;

शब्दहेतुं परिज्ञाय कुट्टनी गौरवं गता ॥८९॥
the sound-cause having discovered the procuress to respectability gone. (89)

राजाह। कथमेतत्। दमनकः कथयति। अस्ति श्रीपर्वतमध्ये
The king says: How that? Damanaka relates: There is in the Srî-parvata-midst

ब्रह्मपुराख्यं नगरं। तच्छिखरप्रदेशे घंटाकर्णो नाम राक्षसः
Brahmapura-named a town. 'Of it-in the summit-region Ghaṇṭâkarṇa by name a goblin

प्रतिवसतीति जनप्रवादः श्रूयते। एकदा घंटामादाय
resides' thus of the people-a report is heard. One day, a bell having stolen

पलायमानः कश्चिच्चौरो व्याघ्रेण व्यापादितः। तत्पाणिपतिता
running away some thief by a tiger killed. From his-hands-fallen

घंटा वानरैः प्राप्ता। वानरास्तां घंटामनुक्षणं वादयंति।
the bell by monkeys seized. The monkeys that bell perpetually cause to sound.

ततो नगरजनैः स मनुष्यः खादितो दृष्टः प्रतिक्षणं घंटारवश्च
Then by the towns-people that man eaten seen, perpetually the bell-ringing and

श्रूयते। अनंतरं घंटाकर्णः कुपितो मनुष्यान्खादति घंटाश्च
is heard. Thereupon 'Ghaṇṭâkarṇa enraged men eats, bells and

वादयतीत्युक्त्वा सर्वे जना नगरात्पलायिताः। ततः
causes to sound,' thus having said all people from the town gone away. Then

करालया नाम कुट्टन्या विमृश्यानवसरोऽयं घंटावादस्
by Karâlâ by name a procuress, having reflected, 'inopportune this bell-sounding;

तत्किं मर्कटा घंटां वादयंतीति स्वयं विज्ञाय
that what? monkeys a bell cause to sound' thus by herself having discovered,

राजा विज्ञापितः। देव यदि कियद्धनोपक्षयः क्रियते तदाहमेनं
the king (was) informed: Sire, if some-money-outlay is made, then I that

घंटाकर्णं साधयामि। ततो राज्ञा तस्यै धनं दत्तं कुट्टन्या च
Ghaṇṭâkarṇa settle. Then by the king to her money given, by the procuress and

मंडलं कृत्वा तत्र गणेशादिपूजागौरवं दर्शयित्वा स्वयं
a circle having made, there of Gaṇeśa-&c.-worship-veneration having shown, herself

वानरप्रियफलान्यादाय वनं प्रविश्य फलान्याकीर्णानि।
to monkeys-dear-fruits having taken, the forest having entered, the fruits (were) scattered.

ततो घंटां परित्यज्य वानराः फलासक्ता बभूवुः
Then the bell having abandoned the monkeys by the fruits-attracted became,

कुट्टनी च घंटां गृहीत्वा नगरमागता सर्वजनपूज्याभवत्।
the procuress and the bell having seized, to the town gone by every body-honoured was.

अतोऽहं ब्रवीमि। शब्दमात्रान्न भेतव्यमित्यादि। ततः संजीवक
Therefore I say: From the sound-merely not to be feared &c. Then Sañjîvaka,

आनीय दर्शनं कारितः। पश्चात्तत्रैव
having led (him) near, appearance to make (was) caused. Afterwards there also

परमप्रीत्या निवसति। अथ कदाचित्तस्य सिंहस्य भ्राता
in utmost-friendship he dwells. Now some day of that lion the brother

स्तब्धकर्णनामा सिंहः समागतः। तस्यातिथ्यं कृत्वा
Stabdhakarṇa-named a lion arrived. Of him hospitality having made,

समुपवेश्य पिंगलकस्तदाहाराय पशुं हंतुं चलितः।
having caused (him) to sit down, Piṅgalaka for his-meal a beast to kill started.

अत्रांतरे संजीवको वदति। देव अद्य हतमृगाणां मांसानि क्व।
There meanwhile Sañjīvaka says: Sire, to-day of the killed-deer the flesh where?

राजाह। दमनककरटकौ जानीतः। संजीवको ब्रूते। ज्ञायतां
The king says: Damanaka-and Karaṭaka know. Sañjīvaka says: Let it be ascertained,

किमस्ति नास्ति वा। सिंहो विमृश्याह। नास्त्येव तत्।
whether there is, not is or. The lion reflecting says: Not is there indeed that.

संजीवको ब्रूते। कथमेतावन्मांसं ताभ्यां खादितं। राजाह।
Sañjīvaka says: How so much meat by those two eaten? The king says:

खादितं व्ययितमवधीरितं च। प्रत्यहमेष क्रमः। संजीवको ब्रूते।
Eaten, squandered, wasted and. Daily this the course. Sañjīvaka says:

कथं श्रीमद्देवपादानामगोचरेणैवं क्रियते। राजाह।
How of the blessed-lord's-feet without-the knowledge thus is done? The king says:

मदीयागोचरेणैव क्रियते। अथ संजीवको ब्रूते। नैतदुचितं।
Without my-knowledge certainly it is done. Now Sañjīvaka says: Not this proper.

तथा चोक्तं।
Thus and said:

नानिवेद्य प्रकुर्वीत भर्तुः किंचिदपि स्वयं।
Not without-informing should he begin of a master anything whatever by himself

कार्यमापत्प्रतीकारादन्यत्र जगतीपते ॥९०॥
business, a misfortune-remedy excepted, O earth-lord! (90)

अन्यच्च। कमंडलूपमो ऽमात्यस्तनुत्यागो बहुग्रहः।
Another and, An ascetic's pot-resembling (is) a minister little-letting out, much-taking in;

नृपते किंक्षणो मूर्खो दरिद्रः किंवराटकः ॥९१॥
O king, 'What (is)-a moment' (is) a fool; poor (is) 'What (is)-a penny!' (91)

स ह्यमात्यः सदा श्रेयान्काकिणीं यः प्रवर्धयेत्।
That certainly minister (is) always better, a Kākiṇī who might increase;

कोषः कोषवतः प्राणाः प्राणाः प्राणा न भूपतेः ॥९२॥
the treasury (is) of the treasury-possessor the life, the life the life not of a king. (92)

किंचान्यैर्न कुलाचारैः सेव्यतामेति पूरुषः ।
Moreover, through other not family-observances to respectability goes a man,

धनहीनः स्वपत्न्यापि त्यज्यते किं पुनः परैः ॥ ९३ ॥
of wealth-deprived by his-wife even he is forsaken, how much more by others! (93)

एतच्च राज्ञः प्रधानं दूषणं ।
This and of a king the chief blame:

अतिव्ययो ऽनवेक्षा च तथार्जनमधर्मतः ।
Excessive-expenditure, want-of inspection and, likewise acquisition through injustice,

पोषणं दूरसंस्थानां कोषव्यसनमुच्यते ॥ ९४ ॥
support of the far away-living, treasury-destruction is called. (94)

यतः । क्षिप्रमायमनालोच्य व्ययमानः स्ववाञ्छया ।
For, Speedily, his income not-considering, squandering according to his-inclination,

परिक्षीयत एवासौ धनी वैश्रवणोपमः ॥ ९५ ॥
is ruined certainly that rich man (at first) Vaiśravaṇa*-like. (95)

स्तब्धकर्णो ब्रूते । शृणु भ्रातः । चिराश्रितावेतौ दमनककरटकौ ।
Stabdhakarṇa says: Listen, brother. Old-dependants (are) these Damanaka-and Karaṭaka.

संधिविग्रहकार्याधिकारिणौ च कदाचिदर्थाधिकारे न
Of peace-and war-the affairs-superintending besides ever in the treasury-superintendence not

नियोक्तव्यौ । अपरं च नियोगप्रस्तावे यन्मया श्रुतं तत्कथ्यते ।
to be appointed. Besides and, on the appointment-subject what by me heard that is (now) told:

ब्राह्मणः क्षत्रियो बंधुर्नाधिकारे प्रशस्यते ।
A Brâhman, a soldier, a relative not in office is approved of;

ब्राह्मणः सिद्धमप्यर्थं कृच्छ्रेणापि न यच्छति ॥ ९६ ॥
the Brâhman ready even money under pressure even not grants. (96)

नियुक्तः क्षत्रियो द्रव्ये खड्गं दर्शयते ध्रुवं ।
Appointed a soldier at the treasure a sword shows assuredly;

सर्वस्वं ग्रसते बंधुराक्रम्य ज्ञातिभावतः ॥ ९७ ॥
all-the property swallows a relative, encroaching on account of his relationship. (97)

---

* Vaiśravaṇa, the god of riches.

अपराधे ऽपि निःशङ्को नियोगी चिरसेवकः ।

In an offence even (is) fearless an official an old-servant,

स स्वामिनमवज्ञाय चरेच्च निरवग्रहः ॥९८॥

he (his) master despising will conduct himself likewise without-restraint. (98)

उपकर्ताधिकारस्य स्वापराधं न मन्यते ।

A benefactor of an office his own-fault not minds,

उपकारं ध्वजीकृत्य सर्वमेवावलुंपति ॥९९॥

the service his banner-making everything indeed he plunders. (99)

उपांशुक्रीडितो ऽमात्यः स्वयं राजायते यतः ।

A private-playfellow as minister himself he plays the king because,

अवज्ञा क्रियते तेन सदा परिचयाद्ध्रुवं ॥१००॥

contempt is shown by him always on account of his intimacy certainly. (100)

अंतर्दुष्टः क्षमायुक्तः सर्वानर्थकरः किल ।

One inwardly-corrupt with patience-endowed (is) every-evil-perpetrating in truth;

शकुनिः शकटारश्च दृष्टांतावत्र भूपते ॥१०१॥

Sakuni* Sakaṭāra† and (are) two examples here, O earth-lord. (101)

सदामात्यो न साध्यः स्यात्समृद्धः सर्व एव हि ।

Always minister not to be made should be prosperous any certainly indeed;

सिद्धानामयमादेश ऋद्धिश्चित्तविकारिणी ॥१०२॥

of the experienced this a maxim, 'prosperity (is) mind-perverting.' (102)

प्राप्तार्थग्रहणं द्रव्यपरीवर्तो ऽनुरोधनं ।

Of obtained-money-the appropriation, money-exchange, compliance,

उपेक्षा बुद्धिहीनत्वं भोगो ऽमात्यस्य दूषणं ॥१०३॥

inattention, judgment-want, enjoyment of a minister the blame. (103)

नियोगार्थग्रहोपायो राज्ञां नित्यपरीक्षणं ।

Of a command-the object-seizure-expedient (is) of kings constant-supervision,

प्रतिपत्तिप्रदानं च तथा कर्मविपर्ययः ॥१०४॥

assent-giving and (is) likewise action-perversion. (104)

---

* Sakuni, lit. bird, the minister of Duryodhana, who deceived the Pāṇḍava princes.

† Sakaṭāra or Sakaṭāla, the minister of king Nanda, who conspired with Chāṇakya against his sovereign.

निपीडिता वमंत्युच्चैरंतःसारं महीपते ।
(Only when) squeezed do they discharge upwards (their) inward-juice, O earth-lord !

दुष्टव्रणा इव प्रायो भवंति हि नियोगिनः ॥ १०५ ॥
bad-tumours like commonly are indeed officers. (105)

मुहुर्नियोगिनो बोध्या वसुधाया महीपते ।
Repeatedly (are) officials to be examined, of the earth O king !

सकृत्किं पीडितं स्नानवस्त्रं मुंचेद्द्रुतं पयः ॥ १०६ ॥
once (what ?) wrung a bathing-dress does it let out quickly the water ? (106)

एतत्सर्वं यथावसरं ज्ञात्वा व्यवहर्तव्यं । सिंहो ब्रूते । अस्ति
This all according to-the occasion knowing one ought to act. The lion says : It is

तावदेवं किंत्वेतौ सर्वथा न मम वचनकारिणौ । स्तब्धकर्णो
certainly thus, however these two in every way not of me the word-doing. Stabdhakarna

ब्रूते । एतत्सर्वमनुचितं सर्वथा ।
says : This all improper wholly.

यतः । आज्ञाभंगकरान्राजा न क्षमेत्स्वसुतानपि ।
For, Command-breach-committing a king not should tolerate his-sons even ;

विशेषः को नु राज्ञश्च राज्ञश्चित्रगतस्य च ॥ १०७ ॥
the difference what else of a king and, of a king painted and ? (107)

स्तब्धस्य नश्यति यशो विषमस्य मैत्री
Of the indolent perishes the fame, of the dishonest the friendship,

नष्टेंद्रियस्य कुलमर्थपरस्य धर्मः ।
of one whose senses-are gone the family, of the wealth-seeking the virtue,

विद्याफलं व्यसनिनः कृपणस्य सौख्यं
the knowledge-fruit of the vicious, of the miser the happiness,

राज्यं प्रमत्तसचिवस्य नराधिपस्य ॥ १०८ ॥
the sovereignty of a careless-ministers having man-ruler. (108)

अपरं च । तस्करेभ्यो नियुक्तेभ्यः शत्रुभ्यो नृपवल्लभात् ।
Another and, From thieves, from (his) officers, from enemies, from a king's-favourite,

नृपतिर्निजलोभाच्च प्रजा रक्षेत्पितेव हि ॥ १०९ ॥
a king from his own-greediness likewise the subjects should protect father-like truly. (109)

भ्रातः सर्वथास्मद्वचनं क्रियतां । व्यवहारो ऽप्यस्माभिः कृत एव ।
Brother, wholly our-word let be done. Administration also by us made indeed.

अयं संजीवकः सस्यभक्षको ऽर्थाधिकारे नियुज्यतां ।
This Sañjīvaka grain-eating for the provision-superintendence may be appointed.

एतद्वचनात्तथानुष्ठिते सति तदारभ्य पिंगलकसंजीवकयोः
According to his-word thus arranged being thence beginning of Piñgalaka-and Sañjīvaka

सर्वबंधुपरित्यागेन महता स्नेहेन कालो ऽतिवर्तते । ततो
with all-relations'-relinquishment with great affection time passes away. Thereupon

ऽनुजीविनामप्याहारदाने शैथिल्यदर्शनाद्दमनककरटकाव्-
of the dependants also in the food-giving through slackness-perception Dam.-and Kar.

न्योन्यं चिंतयतः । तदाह दमनकः करटकं । मित्र किं कर्तव्यं ।
with one-other reflect. Then says Dam. to Kar.: Friend, what (is) to be done?

आत्मकृतो ऽयं दोषः । स्वयंकृते ऽपि दोषे
By ourselves-committed this fault. In a by oneself-committed also fault

परिदेवनमप्यनुचितं । तथा चोक्तं ।
complaining also improper. Thus and said:

स्वर्णरेखामहं स्पृष्ट्वा बद्ध्वात्मानं च दूतिका ।
Svarṇarekhā I having touched, having bound herself and the female messenger,

आदित्सुश्च मणिं साधुः स्वदोषाद्दुःखिता इमे ॥११०॥
wishing to steal and a jewel the merchant,— through their own-fault suffered these. (110)

करटको ब्रूते । कथमेतत् । दमनकः कथयति । अस्ति कां-
Karaṭaka says: How (was) that? Damanaka relates: There is in the Kāñ-

चनपुरनाम्नि नगरे वीरविक्रमो राजा । तस्य धर्माधिकारिणा
chanapura-named town Vīravikrama a king. Of him by the law-officer

कश्चिन्नापितो वध्यभूमिं नीयमानः कंदर्पकेतुनाम्ना परिव्राजकेन
some barber to the execution-place being led by a Kandarpaketu-named mendicant

साधुद्वितीयकेन नायं हंतव्य इत्युक्त्वा
who had a merchant-as companion, 'not he to be killed' thus having said

वस्त्रांचले धृतः । राजपुरुषा ऊचुः । किमिति नायं वध्यः ।
by the garment-skirt held. The king's-men said: Why thus not he to be killed?

स आह । श्रूयतां । स्वर्णरेखामहं स्पृष्ट्वेत्यादि पठति ।
He says: Let there be listened. Svarṇarekhā 'I having touched &c. he recites.

त आहुः । कथमेतत् । परिव्राजकः कथयति । अहं सिंहलद्वीपे
They say: How that? The mendicant relates: I in Siṁhala-dvîpa

भूपतेर्जीमूतकेतोः पुत्रः कंदर्पकेतुर्नाम । एकदा केलिकानना-
of the king Jîmûta-ketu the son, Kandarp. by name. One day in the pleasure-garden-

वस्थितेन मया पोतवणिङ्मुखाच्छ्रुतं यदत्र समुद्रमध्ये
sojourning by me from a boat-merchant's-mouth heard, 'that there in the ocean-midst

चतुर्दश्यामाविर्भूतकल्पतरुतले रत्नावलीकिरणकर्बुरपर्यंके
on the fourteenth (day of the month) at an appearing-kalpatree's-foot on a with gem-rows'-lustre-variegated-couch

स्थिता सर्वालंकारभूषिता लक्ष्मीरिव वीणां वादयंती कन्या
resting with all-ornaments-decorated Lakshmî-like, a lute playing maiden

काचिद्दृश्यत इति । ततो ऽहं पोतवणिजमादाय पोतमारुह्य
some is seen' thus. Then I the boat-merchant having taken, the boat having-ascended

तत्र गतः । अनंतरं तत्र गत्वा पर्यंके ऽर्धमग्ना तथैव
there gone. Afterwards there having gone, on a couch half-immersed thus verily

सावलोकिता । ततस्तल्लावण्यगुणाकृष्टेन मयापि तत्पश्चाज्झंपो
she perceived. Then by her-beauty-excellence-attracted by me also her-after a jump

दत्तः । तदनंतरं कनकपत्तनं प्राप्य सुवर्णप्रासादे तथैव
made. Thereupon a golden-city having reached in a golden-palace thus verily

पर्यंके स्थिता विद्याधरीभिरुपास्यमाना मयालोकिता तयाप्यहं
on a couch resting, by fairies attended by me seen, by her also I,

दूरादेव दृष्ट्वा सखीं प्रस्थाप्य सादरं संभाषितः ।
from afar already seeing (me), a female friend having despatched, with-courtesy addressed.

तत्सख्या च मया पृष्टया समाख्यातं । एषा कंदर्पकेलिनाम्नो
By her-friend and, (being) by me asked, (it was) told: She of the Kandarp.-named

विद्याधरचक्रवर्तिनः पुत्री रत्नमंजरी नाम प्रतिज्ञापिता विद्यते ।
fairy-king the daughter Ratnamañjarî by name (as) having been made to promise is known:

यः कनकपत्तनं स्वचक्षुषागत्य पश्यति स एव
'Who the golden-city with his own-eye having approached sees, he verily

पितुरगोचरो ऽपि मां परिणेष्यतीति मनसः संकल्पः ।
of (my) father unbeknown even me shall wed, thus (is) (my) mind's determination.'

तदेनां गंधर्वविवाहेन परिणयतु भवान् । अथ तत्र वृत्ते
Therefore her by the Gandharva-marriage may wed you. Now there, (having) taken place

गंधर्वविवाहे तया सह रममाणस्तत्राहं तिष्ठामि । तत एकदा
the Gandharva-marriage, her with delighting myself there I stay. Then one day

रहसि तयोक्तं । स्वामिन्स्वेच्छया सर्वमिदमुपभोक्तव्यमेषा
in private by her told: Husband, at your-desire all this to be enjoyed, this

चित्रगता स्वर्णरेखा नाम विद्याधरी न कदाचित्स्प्रष्टव्या । पश्चादु-
painted Svarnarekhâ by name fairy not ever to be touched. Afterwards

पजातकौतुकेन मया स्वर्णरेखा स्वहस्तेन स्पृष्टा तया चित्रगतया-
with excited-curiosity by me Svarnarekhâ with my-hand touched, by her, painted

प्यहं चरणपद्मेन ताडित आगत्य स्वराष्ट्रे पतितः ।
although, I with the foot-lotus kicked having come near in my-dominion fallen down,

अथ दुःखार्तो ऽहं परिव्रजितः पृथिवीं परिभ्राम्यन्निमां
Now grief-pained I having become mendicant the earth about-roaming this

नगरीमनुप्राप्तः । अत्र चातिक्रांते दिवसे गोपगृहे सुप्तः
city reached. Here and, having passed the day, in a cowherd's-house fallen asleep

सन्नपश्यं । प्रदोषसमये सुहृदां पालनं कृत्वा
being I saw. At evening-time of (his) friends entertainment having made

स्वगेहमागतो गोपः स्ववधूं दूत्या सह किमपि
to his own-house approached the cowherd his-wife a messenger with about something

मंत्रयंतीमपश्यत् । ततस्तां गोपीं ताडयित्वा स्तंभे बद्ध्वा
deliberating saw. Then that cowherdess having beaten, to a post having fastened,

सुप्तः । ततो ऽर्धरात्र एतस्य नापितस्य वधूर्दूती पुनस्तां
fallen asleep. Then at mid-night of this barber the wife as messenger again that

गोपीमुपेत्यावदत् । तव विरहानलदग्धो ऽसौ
cowherdess approaching said. Of thee with the separation-fire-burnt that one

स्मरशरजर्जरितो मुमूर्षुरिव वर्तते । तथा चोक्तं ।
by the love-arrows-pierced going to die almost is. Thus and said:

रजनीचरनाथेन खंडिते तिमिरे निशि ।
By the ghosts'-lord (moon) being divided darkness at night,

यूनां मनांसि विव्याध दृष्ट्वा दृष्ट्वा मनोभवः ॥१११॥
of the young the hearts has pierced, seeing seeing (them), the mind-born (love). (111)

तस्य तादृशीमवस्थामवलोक्य परिक्लिष्टमनास्त्वामनुवर्तितुमागता ।
Of him such a state having seen with grieved-mind thee to fetch (I have) approached.

तदहमत्रात्मानं बद्ध्वा तिष्ठामि त्वं तत्र गत्वा तं संतोष्य
Then I here myself having bound stay, thou there having gone, him having comforted

सत्वरमागमिष्यसि । तथानुष्ठिते सति स गोपः प्रबुद्धो
with-haste wilt come back. Thus accomplished being that cowherd awakened

ऽवदत् । इदानीं त्वां पापिष्ठां जारांतिकं नयामि । ततो यदासौ
said: Now thee wretch gallant-near I lead. Then when she

न किंचिदपि ब्रूते तदा क्रुद्धो गोपः । दर्पान्मम
not anything whatever says, then enraged the cowherd. 'Through pride of me

वचसि प्रत्युत्तरमपि न ददासीत्युक्त्वा कोपेन तेन
to the word an answer even not thou givest,' thus saying through anger by him,

कर्त्रिकामादायास्या नासिका छिन्ना । तथा कृत्वा पुनः सुप्तो
a knife having taken, of her the nose cut off. Thus having done again lying down

गोपो निद्रामुपगतः । अथागत्य गोपी दूतीमपृच्छत् ।
the cowherd to sleep gone. Now coming back the cowherdess the messenger asked:

का वार्त्ता । दूत्योक्तं । पश्य मां मुखमेव वार्त्तां कथयति ।
What news! By the messenger said: Behold me, my face indeed the news tells.

अनंतरं सा गोपी तथा कृत्वात्मानं बद्ध्वा स्थिता । इयं
Thereupon that cowherdess, thus having done, herself having bound, stood. That

च दूती तां छिन्ननासिकां गृहीत्वा स्वगृहं प्रविश्य स्थिता ।
and messenger that cut off-nose having taken, her-house having entered stood.

ततः प्रातरेवानेन नापितेन स्ववधूः क्षुरभांडं याचिता सती
Then early already by this barber his-wife for the razor-case asked being

क्षुरमेकं प्रादात् । ततो ऽसमग्रभांडे प्राप्ते समुपजातकोपो ऽयं
knife one (only) gave. Then, the incomplete-case being brought, with excited-anger this

नापितस्तं क्षुरं दूरादेव गृहे क्षिप्तवान् । अथ कृतार्तरावेयं
barber that knife from afar indeed into the house threw. Now making-pain-cries she

विनापराधेन मे नासिकानेन छिन्नेत्युक्त्वा
'without offence of me the nose by him cut off' thus saying

धर्माधिकारिसमीपमेनमानीतवती । सा च गोपी तेन गोपेन
to the justice-officer-near him led. That and cowherdess by that cowherd

पुनः पृष्टोवाच । अरे पाप को मां महासतीं विरूपयितुं
again asked said: Oh thou wicked one! Who me very-chaste to disfigure

समर्थः । मम व्यवहारमकल्मषमष्टौ लोकपाला एव जानंति ।
able! Of me the conduct stainless the eight world-guardians indeed know.

यतः । आदित्यचंद्रावनिलो ऽनलश्च द्यौर्भूमिरापो हृदयं यमश्च ।
For, Sun-and moon, wind, fire and, heaven, earth, the waters, the heart, Yama and,

अहश्च रात्रिश्च उभे च संध्ये धर्मश्च जानाति नरस्य वृत्तं ॥११२॥
Day and, night and, both and twilights, Justice and knows a man's conduct. (112)

यद्यहं परमसती स्यां त्वां विहायान्यं न जाने पुरुषांतरं
If I perfectly-chaste be, thee forsaking another not know, another man

स्वप्ने ऽपि न हि भजे तेन धर्मेण छिन्नापि मम
in a dream even not certainly favour, under that condition cut off even of me

नासिकाच्छिन्नास्तु । मया त्वं भस्म कर्तुं शक्यसे किंतु स्वामी
the nose uncut may be. By me thou ashes be made canst, however my lord

त्वं लोकभयादुपेक्षे । पश्य मन्मुखं । ततो यावदसौ गोपो
thou, from world-fear I forgive. Behold my-face. Then while that cowherd

दीपं प्रज्वाल्य तन्मुखमवलोकते तावदुन्नसं मुखमवलोक्य
a lamp having lit her-face examines, then with-a nose the face seeing

तच्चरणयोः पतितो धन्यो ऽहं यस्येदृशी भार्या परमसाध्वीति ।
at her-feet fallen (said): 'happy I, of whom such a wife extremely-chaste' thus.

यो ऽयमास्ते साधुरेतद्वृत्तांतमपि कथयामि । अयं स्वगृहान्निर्गतो
Who here stands merchant, his-history also I tell. He from his-house departed

द्वादशवर्षैर्मलयोपकंठादिमां नगरीमनुप्राप्तः । अत्र वेश्यागृहे
in twelve-years from the Malaya-slopes to this city come. Here, in a house of ill-fame

सुप्तः । तस्याः कुट्टन्या गृहद्वारि स्थापितकाष्ठघटितवेतालस्य
(he) slept. Of that mistress at the house-door of a placed-wood-carved-demon

मूर्धनि रत्नमेकमुत्कृष्टमास्ते । तच्च लुब्धेनानेन साधुना
on the head jewel one excellent is fixed. There by greedy this merchant

रात्रावुत्थाय रत्नं ग्रहीतुं यत्नः कृतः । तदा तेन
during the night having got up the jewel to take away effort made. Then by that

वेतालेन सूत्रसंचारितबाहुभ्यां पीडितः सन्नार्तनादमयं चकार ।
demon with the by threads-contracted-arms squeezed being pain-cry he made.

पश्चादुत्थाय कुट्टन्योक्तं । पुत्र मलयोपकंठादागतो
Afterwards having got up by the mistress said: Son, from the Malaya-slope arrived

ऽसि । तत्सर्वरत्नानि प्रयच्छास्मै नो चेदनेन न त्यक्तव्यो
thou art; therefore all-jewels give up to this one, not if, by him not to be released

ऽसि । इत्थमेवायं चेटकः । ततो ऽनेन सर्वरत्नानि समर्पितानि
thou art; thus indeed (is) this servant. Then by him all-jewels surrendered,

यथायमपहृतसर्वस्वो ऽस्मासु समागत्य मिलितः । एतत्सर्वं
so that he robbed of-his property to us coming near was met. This all

श्रुत्वा राजपुरुषैर्न्याये धर्माधिकारी प्रवर्तितः । अनंतरं
having heard by the king's-men to (do) justice the justice-officer (was) induced. Afterwards

तेन सा दूती गोपी च ग्रामाद्बहिर्निःसारिते
by him that messenger, the cowherdess and, from the village away driven;

नापितश्च गृहं गतः । अतो ऽहं ब्रवीमि स्वर्णरेखामहं स्पृष्ट्वेत्यादि ।
the barber and house goes. Therefore I say Svarnarekhâ I having touched &c.

अथ स्वयंकृतो ऽयं दोषः । अत्र विलपनं नोचितं । क्षणं
Now by ourselves-committed this fault. Here complaint not proper. (A moment

विमृश्य । मित्र यथानयोः सौहार्दं मया कारितं
having reflected): Friend as of those two the friendship by me (was) brought about,

तथा मित्रभेदो ऽपि मया कार्यः ।
thus the friend-separation also by me to be made.

यतः । अतथ्यान्यपि तथ्यानि दर्शयंत्यतिपेशलाः ।
For, Untruths also (like) truths make look very-skilful ones.

समे निम्नोन्नतानीव चित्रकर्मविदो जनाः ॥११३॥
on an even surface hollows-and eminences as painting-understanding persons. (113)

अपरं च। उत्पन्नेष्वपि कार्येषु मतिर्यस्य न हीयते।
Another and, In arisen even occurrences the understanding of whom not is lost,

स निस्तरति दुर्गाणि गोपी जारद्वयं यथा ॥११४॥
he overcomes difficulties, the cowherdess the lover-couple as. (114)

करटकः पृच्छति। कथमेतत्। दमनकः कथयति। अस्ति द्वारवत्यां
Karataka asks: How that? Damanaka relates: There is in Dvâravatî

पुर्यां कस्यचिद्गोपस्य वधूर्बंधकी। सा ग्रामस्य दंडनायकेन
a town of some cowherd the wife wanton. She of the district with the magistrate,

तत्पुत्रेण च समं रमते। तथा चोक्तं।
with his-son and together sports. Thus and said:

नाग्निस्तृप्यति काष्ठानां नापगानां महोदधिः।
Not fire gets enough of fuel, not of rivers the ocean,

नांतकः सर्वभूतानां न पुंसां वामलोचना ॥११५॥
not death of all-creatures, not of men a fair-eyed woman. (115)

अन्यच्च। न दानेन न मानेन नार्जवेन न सेवया।
Another and, Not by a giving, not by honouring, not by sincerity, not by service,

न शस्त्रेण न शास्त्रेण सर्वथा विषमाः स्त्रियः ॥११६॥
not by the sword, not by precept— wholly faithless (are) women. (116)

यतः। गुणाश्रयं कीर्तियुतं च कांतं पतिं रतिज्ञं सधनं युवानं।
For, A virtue-possessing fame-endowed and lovely husband, a delight-giver wealthy youthful

विहाय शीघ्रं वनिता व्रजंति नरांतरं शीलगुणादिहीनं ॥११७॥
forsaking quickly women go to another-men of character-and virtue &c.-destitute. (117)

अपरं च। न तादृशीं प्रीतिमुपैति नारी
Another and, Not such delight experiences a woman

विचित्रशय्यां शयितापि कामं।
on an embroidered-bed resting even happily,

यथा हि दूर्वादिविकीर्णभूमौ
as certainly on the with Dûrvagrass &c.-strewed-ground

प्रयाति सौख्यं परकांतसंगात् ॥११८॥
she derives bliss from a strange-lover's-company. (118)

अथ कदाचित्सा दंडनायकपुत्रेण सह रममाणा तिष्ठति। अथ
Now one-day she the magistrate's-son with playing stands. Then

दंडनायकोऽपि रंतुं तत्रागतः। तमायांतं दृष्ट्वा तत्पुत्रं
the magistrate also to play there approached. Him arriving having seen, his-son

कुसूले निक्षिप्य दंडनायकेन सह तथैव क्रीडति। अनंतरं
into the granary having pushed the magistrate with so just she plays. Thereupon

तस्या भर्ता गोपो गोष्ठात्समागतः। तमालोक्य
of her the husband the cowherd from the fold arrived. Him perceiving

गोप्योक्तं। दंडनायक त्वं लगुडं गृहीत्वा कोपं दर्शयन्सत्वरं
by the cowherdess said: Magistrate, thou a stick taking anger showing with-haste

गच्छ। तथा तेनानुष्ठिते गोपेन गृहमागत्य भार्या
go! Thus by him being done, by the cowherd to the house having come the wife

पृष्टा। केन कार्येण दंडनायकः समागत्यात्र स्थितः। सा
(was) asked: For what business the magistrate arriving here remained? She

ब्रूते। अयं केनापि कार्येण पुत्रस्योपरि क्रुद्धः। स च मार्ग्यमाणो
says: He for some cause (his) son about angry. He and being pursued

ऽप्यत्रागत्य प्रविष्टो मया कुसूले निक्षिप्य रक्षितः।
also here arriving entered by me, into the granary having pushed (him), protected.

तत्पित्रा चान्विष्यात्र न दृष्टः। अत एवायं दंडनायकः क्रुद्ध
By his-father and searching here not seen. Therefore verily that magistrate angry

एव गच्छति। ततः सा तत्पुत्रं कुसूलाद्बहिष्कृत्य दर्शितवती।
indeed goes. Thereupon she his-son out of the granary conducting showed (him).

तथा चोक्तं। आहारो द्विगुणः स्त्रीणां बुद्धिस्तासां चतुर्गुणा।
Thus and said. The food two-fold of women, the intelligence of them four-fold,

षड्गुणो व्यवसायश्च कामश्चाष्टगुणः स्मृतः॥११९॥
six-fold the perseverance and, (their) love and (is) eight-fold recorded. (119)

अतोऽहं ब्रवीमि। उत्पन्नेष्वपि कार्येष्वित्यादि। करटको ब्रूते।
Therefore I say: In arisen even occurrences &c. Karataka says:

अस्त्वेवं किंत्वनयोर्महानन्योन्यनिसर्गोपजातस्नेहः कथं
Be it thus, however of them the great mutual-by nature-produced-affection how

भेदयितुं शक्यः । दमनको ब्रूते । उपायः क्रियतां । तथा चोक्तं ।
to dissolve possible? Damanaka says: An artifice let be made. Thus and said:

उपायेन हि यच्छक्यं न तच्छक्यं पराक्रमैः ।
By an artifice certainly what possible, not that possible by prowess,

काक्या कनकसूत्रेण कृष्णसर्पो निपातितः ॥१२०॥
By a hen crow through a gold-chain a black-serpent (was) caused to be destroyed. (120)

करटकः पृच्छति । कथमेतत् । दमनकः कथयति । कस्मिंश्चित्तरौ
Karataka asks: How that? Damanaka relates: On a certain tree

वायसदंपती निवसतः । तयोश्चापत्यानि तत्कोटरावस्थितेन
a crow-pair resides. Of them and the young ones by an in its-hollow-staying

कृष्णसर्पेण खादितानि । ततः पुनर्गर्भवती वायसी वायसमाह ।
black-serpent devoured. Then again breeding the female the male crow accosts:

नाथ त्यज्यतामयं तरुः । अत्रावस्थितकृष्णसर्पेणावयोः संततिः
My lord, to be left this tree. By the here staying-black-serpent of us the offspring

सततं भक्ष्यते ।
constantly is eaten.

यतः । दुष्टा भार्या शठं मित्रं भृत्याश्चोत्तरदायकाः ।
For, A bad wife, a false friend, servants and answer-giving,

ससर्पे च गृहे वासो मृत्युरेव न संशयः ॥१२१॥
with-a serpent and in a house dwelling (is) death indeed, no doubt. (121)

वायसो ब्रूते । प्रिये न भेतव्यं । वारं वारं मयैतस्य
The crow says: My dear, not to be feared. Again (and) again by me of this one

महापराधः सोढः । इदानीं पुनर्न क्षन्तव्यः । वायस्याह ।
the great-offence borne; now however (it is) not to be endured. The female says:

कथमेतेन बलवता सार्धं भवान्विग्रहीतुं समर्थः । वायसो ब्रूते ।
How with this powerful one together you to contend able? The crow says:

अलमनया शंकया ।
Enough with this fear,

यतः । बुद्धिर्यस्य बलं तस्य निर्बुद्धेस्तु कुतो बलं ।
For, Wit of whom, power of him; of the witless however whence power?

पश्य सिंहो मदोन्मत्तः शशकेन निपातितः ॥१२२॥
Behold, a lion with pride-intoxicated by a rabbit killed. (122)

वायसी विहस्याह । कथमेतत् । वायसः कथयति । अस्ति
The female smiling says: How that? The crow relates: There is

मंदरनाम्नि पर्वते दुर्दांतो नाम सिंहः । स च सर्वदा
on the Mandara-named mountain Durdânta by name a lion. He and always

पशूनां वधं कुर्वन्नास्ते । ततः सर्वैः पशुभिर्मिलित्वा स
of the beasts massacre making continues. Then by all the beasts, having met, that

सिंहो विज्ञप्तः । मृगेंद्र किमर्थमेकदा पशुघातः क्रियते । यदि
lion informed; O beast-king, why at once beast-slaughter is made? If

प्रसादो भवति तदा वयमेव भवदाहाराय प्रत्यहमेकैकं पशुमु-
your pleasure it is, then we ourselves for your-food daily one at a time beast

पढौकयामः । ततः सिंहेनोक्तं । यद्येतदभिमतं भवतां तर्हि भवतु ।
offer. Then by the lion said: If this the wish of you, then be it.

ततः प्रभृत्येकैकं पशुमुपकल्पितं भक्षयन्नास्ते । अथ कदाचिद्
Thence forth one by one the beast allotted eating he continues. Now one day

वृद्धशशकस्य वारः समायातः । सो ऽचिंतयत् ।
an old-rabbit's turn (had) come. That meditated:

त्रासहेतोर्विनीतिस्तु क्रियते जीविताशया ।
For fear's-sake politeness forsooth is shown in life-hope;

पंचत्वं चेद्गमिष्यामि किं सिंहानुनयेन मे ॥१२३॥
to death if I am to go, what with the lion-conciliation of me? (123)

तन्मंदं मंदं गच्छामि । ततः सिंहो ऽपि क्षुधापीडितः कोपात्तमु-
Therefore slowly slowly I go. Then the lion also with hunger-pained angrily him

वाच । कुतस्त्वं विलंब्य समागतो ऽसि । शशको ऽब्रवीत् । देव
addressed; Why thou delaying approached art? The rabbit said; Sire

नाहमपराध्यः । आगच्छन्पथि सिंहांतरेण बलाद्धृतः ।
not I to be blamed. Approaching on the way by another-lion with force detained,

तस्याग्रे पुनरागमनाय शपथं कृत्वा स्वामिनं निवेदयितुमत्रा-
Of him in front again to return an oath having made, my lord to inform here

गतो ऽस्मि। सिंहः सकोपमाह। सत्वरं गत्वा दुरात्मानं
approached I am. The lion with-anger says: With-haste going the wretch

दर्शय क्व स दुरात्मा तिष्ठति। ततः शशकस्तं गृहीत्वा
let (me) see, where that wretch stands. Then the rabbit him having taken

गभीरकूपं दर्शयितुं गतः। तत्रागत्य स्वयमेव पश्यतु
a deep-well in order to show gone. There having arrived, 'for himself verily may see

स्वामीत्युक्त्वा तस्मिन्कूपजले तस्य सिंहस्यैव प्रतिबिंबं
the lord' thus saying, in that well-water of that lion himself the reflected image

दर्शितवान्। ततो ऽसौ क्रोधाध्मातो दर्पात्तस्योपर्यात्मानं
he was showing. Then he with anger-inflated through pride him over himself

निक्षिप्य पंचत्वं गतः। अतो ऽहं ब्रवीमि। बुद्धिर्यस्येत्यादि।
having thrown to death gone. Therefore I say: Wit of whom &c.

वायस्याह। श्रुतं मया सर्वं संप्रति यथा कर्तव्यं तद्ब्रूहि।
The female crow says: Heard by me all; at present how to be acted, that say.

वायसो ऽवदत्। अत्रासन्ने सरसि राजपुत्रः प्रत्यहमागत्य
The crow said: Here in the adjacent lake the king's-son daily having come

स्नाति। स्नानसमये तदंगादवतारितं तीर्थशिलानिहितं कनकसूत्रं
bathes. At bathing-time the from his-person lifted on a bank-stone-placed gold-chain

चंच्वा विधृत्यानीयास्मिन्कोटरे धारयिष्यसि। अथ
with the beak taking away, bringing near, in this hollow thou shalt place. Now

कदाचित्स्नातुं जलं प्रविष्टे राजपुत्रे वायस्या तदनुष्ठितं।
once to bathe the water having entered the king's-son, by the female crow that accomplished.

अथ कनकसूत्रानुसरणप्रवृत्तै राजपुरुषैस्तत्र तरुकोटरे
Then by the in the gold-chain-search-engaged king's-men there in the tree-hollow

कृष्णसर्पो दृष्टो व्यापादितश्च। अतो ऽहं ब्रवीमि। उपायेन हि
the black-serpent seen killed and. Therefore I say: By a stratagem truly

यच्छक्यमित्यादि। करटको ब्रूते। यद्येवं तर्हि गच्छ। शिवास्ते
what possible &c. Karaṭaka says: If (it is) thus, then go! Blessed of thee

संतु पंथानः। ततो दमनकः पिंगलकसमीपं गत्वा प्रणम्यो-
may be the ways. Then Dam. to Piṅg.'s-proximity having gone, having bowed,

वाच। देव आत्ययिकं किमपि महाभयकारि कार्यं मन्यमानः
said: Sire, extraordinary some great-fear-causing business thinking (it)

समागतो ऽस्मि।
approached I am.

यतः। आपद्युन्मार्गगमने कार्यकालात्ययेषु च।
For, In misfortune, in wrong ways-going, in action-time-passing away and,

कल्याणवचनं ब्रूयादपृष्टो ऽपि हितो नरः ॥१२४॥
a wholesome-word should say unasked even a friendly man. (124)

अन्यच्च। भोगस्य भाजनं राजा न राजा कार्यभाजनं।
Another and, Of enjoyment a vessel (is) the king, not (is) a king for business-a vessel;

राजकार्यपरिध्वंसी मंत्री दोषेण लिप्यते ॥१२५॥
the king's-interests-injuring a minister with guilt is tainted. (125)

तथा हि पश्य। अमात्यानामेष क्रमः।
Thus for, behold; of ministers (is) this the course:

वरं प्राणपरित्यागः शिरसो वापि कर्तनं।
Better (is) life-abandonment, of the head or also cutting off,

न तु स्वामिपदावाप्तिपातकेच्छोरुपेक्षणं ॥१२६॥
not however at one a master's-station-obtaining-sin-desiring connivance. (126)

पिंगलकः सादरमाह। अथ भवान्किं वक्तुमिच्छति। दमनको ब्रूते।
Piṅgalaka graciously says: Now you what to say wish? Damanaka says:

देव संजीवकस्तवोपर्यसदृशव्यवहारीव लक्ष्यते। तथा चा-
Sire, Sañjîvaka thee about unseemly-speaking as it were is detected. Thus and

स्मत्संनिधाने श्रीमद्देवपादानां शक्तित्रयनिंदां कृत्वा
in our-presence of the blessed-Sire's-feet of the power-triad-censure having made

राज्यमेवाभिलषति। एतच्छ्रुत्वा पिंगलकः सभयं साश्चर्यं
the sovereignty even he covets. This having heard Piṅgalaka with-fear extraordinary

मत्वा तूष्णीं स्थितः। दमनकः पुनराह। देव सर्वामात्यपरित्यागं
(it) thinking silently stood. Damanaka again says: Sire, of all-ministers-dismissal

कृत्वैक एवायं मद्भया सर्वाधिकारी कृतः
having made alone only this that by thee of everything-the superintendant made,

स एव दोषः ।
that certainly (is) the fault.

यतः । अत्युच्छ्रिते मंत्रिणि पार्थिवे च विष्टभ्य पादावुपतिष्ठते श्रीः ।
For, Very-exalted (being) the minister the king and, propping her feet stands near Fortune;

सा स्त्रीस्वभावादसहा भरस्य तयोर्द्वयोरेकतरं जहाति ॥१२७॥
She from her woman-nature impatient of the burden of those two one forsakes. (127)

अपरं च । एकं भूमिपतिः करोति सचिवं राज्ये प्रमाणं यदा
Another and, One an earth-lord makes minister in the realm chief when,

तं मोहाच्छ्रयते मदः स च मदालस्येन निर्भिद्यते ।
him through delusion seizes pride, he and through pride-indolence is corrupted;

निर्भिन्नस्य पदं करोति हृदये तस्य स्वातंत्र्यस्पृहा
of the corrupted a footing takes in the heart of him independance-desire,

स्वातंत्र्यस्पृहया ततः स नृपतेः प्राणांतिकं द्रुह्यति ॥१२८॥
through independance-desire then he of the king life-destruction plots. (128)

अन्यच्च । विषदिग्धस्य भक्तस्य दंतस्य चलितस्य च ।
Another and, Of with poison-mixed food, of a tooth loose and,

अमात्यस्य च दुष्टस्य मूलादुद्धरणं सुखं ॥१२९॥
of a minister and corrupted from the root extraction comfort. (129)

किंच । यः कुर्यात्सचिवायत्तां श्रियं तद्व्यसने सति ।
Moreover, Who should make on a minister-dependant fortune, of him-corruption being,

सो ऽंधवज्जगतीपालः सीदेत्संचारकैर्विना ॥१३०॥
that blind-like earth-protector would sink down guides without. (130)

सर्वकार्येषु स्वेच्छातः प्रवर्तते । तदत्र प्रमाणं स्वामी ।
In all-affairs according to his own-wish he acts. Thus here judge the lord.

एतच्च जानाति ।
This and he knows:

न सो ऽस्ति पुरुषो लोके यो न कामयते श्रियं ।
Not that is man in the world who not loves fortune;

परस्य युवतीं रम्यां सादरं नेक्षते ऽत्र कः ॥१३१॥
at another's youthful lovely wife wishfully not looks here who? (131)

सिंहो विमृश्याह। भद्र यद्यप्येवं तथापि संजीवकेन
The lion reflecting says: My dear, if also thus (it be), thus even Sañjîvaka

सह मम महान्स्नेहः।
with of me great love.

पश्य। कुर्वन्नपि व्यलीकानि यः प्रियः प्रिय एव सः।
Behold, Doing also disagreeable (things) who (is) dear, dear still he;

अशेषदोषदुष्टो ऽपि कायः कस्य न वल्लभः ॥१३२॥
by every-weakness-corrupted also the body of whom not dear? (132)

अन्यच्च। अप्रियाण्यपि कुर्वाणो यः प्रियः प्रिय एव सः।
Another and. Displeasing (things) also doing who (is) dear, dear still he;

दग्धमंदिरसारे ऽपि कस्य वह्नावनादरः ॥१३३॥
(though it) has burned-the house's-treasure even, of whom for fire disregard? (133)

दमनकः पुनरेवाह। देव स एवातिदोषः।
Damanaka again still says: Sire, that just a very great-fault.

यतः। यस्मिन्नेवाधिकं चक्षुरारोहयति पार्थिवः।
For, On whom just exceedingly the eye fixes a king,

सुते ऽमात्ये ऽप्युदासीने स लक्ष्म्याश्रीयते जनः ॥१३४॥
on a son, on a minister also on a stranger, that by Fortune is approached man. (134)

शृणु देव। अप्रियस्यापि पथ्यस्य परिणामः सुखावहः।
Listen Sire: Of unpleasant even medicine the digestion (is) comfort-bringing;

वक्ता श्रोता च यत्रास्ति रमंते तत्र संपदः ॥१३५॥
a speaker a hearer and where there is, delight there fortunes. (135)

त्वया च मूलभृत्यानपास्यायमागंतुकः पुरस्कृतः। एतच्चानुचितं कृतं।
By thee and the old-servants discarding this adventurer preferred. This and improper done.

यतः। मूलभृत्यान्परित्यज्य नागंतून्प्रतिपालयेत्।
For, The old-servants dismissing not adventurers he should cherish,

नातः परतरो दोषो राज्यभेदकरो यतः ॥१३६॥
not (is there) than that a greater fault, realm-dissension-causing because. (136)

सिंहो ब्रूते । किमाश्चर्यं । मया यदभयवाचं दत्त्वा-
The lion says: How strange! By me since, safety-promise having given, (he is)

नीतः संवर्धितश्च तत्कथं मह्यं द्रुह्यति । दमनको ब्रूते । देव
brought near honoured and, then why against me does he plot? Damanaka says: Sire,

दुर्जनो नार्जवं याति सेव्यमानो ऽपि नित्यशः ।
The wicked not to honesty goes honoured even constantly;

स्वेदनाभ्यंजनोपायैः श्वपुच्छमिव नामितं ॥१३७॥
with sudorific-(and) unguent-appliances a dog's-tail as bent. (137)

अपरं च । स्वेदितो मर्दितश्चैव रज्जुभिः परिवेष्टितः ।
Another and, Sweated, pressed and even, with strings surrounded,

मुक्तो द्वादशभिर्वर्षैः श्वपुच्छः प्रकृतिं गतः ॥१३८॥
loosened after twelve years a dog's-tail to (its) natural form goes. (138)

अन्यच्च । वर्धनं वाथ सन्मानं खलानां प्रीतये कुतः ।
Another and, Promotion or further respect of the wicked for gratification whence?

फलंत्यमृतसेके ऽपि न पथ्यानि विषद्रुमाः ॥१३९॥
there bear in nectar-watering even not wholesome (fruits) poison-trees. (139)

अतो ऽहं ब्रवीमि । अपृष्टो ऽपि हितं ब्रूयाद्यस्य नेच्छेत्पराभवं ।
Therefore I say: Unasked even good (advice) he should speak of whom not he may wish ruin;

एष एव सतां धर्मो विपरीतमतो ऽन्यथा ॥१४०॥
this verily of the good the law; the reverse of that (is) otherwise. (140)

तथा चोक्तं । स स्निग्धो ऽकुशलान्निवारयति यस्तत्कर्म यन्निर्मलं
Thus and said, He (is) kind, from misfortune guards who; that (is) an action, which is spotless;

सा स्त्री यानुविधायिनी स मतिमान्यः सद्भिरभ्यर्च्यते ।
she (is) a wife, who (is) submissive; he (is) wise, who by the good is honoured;

सा श्रीर्या न मदं करोति स सुखी यस्तृष्णया मुच्यते
That (is) happiness, which not intoxication causes; he (is) happy, who from desire is freed;

तन्मित्रं यदकृत्रिमं स पुरुषो यः खिद्यते नेंद्रियैः ॥१४१॥
he (is) a friend, who (is) unfeigned; he (is) a man, who is tormented not by the senses. (141)

यदि संजीवकव्यसनार्दितो विज्ञापितो ऽपि स्वामी न निवर्तते
If by Sañjîvaka's-offence-injured informed even the master not turns away,

तदीदृशि भृत्ये न दोषः । तथा च ।
then in such a servant not a fault. Thus and:

नृपः कामासक्तो गणयति न कार्यं न च हितं
A king to (his) inclination-attached calculates not duty, not and benefit,

यथेष्टं स्वच्छंदः प्रविचरति मत्तो गज इव ।
ad-libitum self-willed he rambles on, an intoxicated elephant like;

ततो मानध्मातः स पतति यदा शोकगहने
then with pride-inflated he falls when into a sorrow-abyss,

तदा भृत्ये दोषान्क्षिपति न निजं वेत्त्यविनयं ॥१४२॥
then on the servant the faults he throws, not his own he knows misconduct. (142)

पिंगलकः स्वगतं । न परस्यापवादेन परेषां दंडमाचरेत् ।
Ping. to himself: Not upon another's-slander on others punishment one should inflict,

आत्मनावगतं कृत्वा बध्नीयात्पूजयेच्च वा ॥१४३॥
by himself ascertained having made one should imprison, honour and or. (143)

तथा चोक्तं । गुणदोषावनिश्चित्य विधिर्न ग्रहनिग्रहे ।
Thus and said: Merit-and fault not-having ascertained (there is) a rule not for favour-and punishment,

स्वनाशाय यथा न्यस्तो दर्पात्सर्पमुखे करः ॥१४४॥
to one's own-destruction as placed haughtily on a serpent's-mouth the hand. (144)

प्रकाशं ब्रूते । तदा संजीवकः किं प्रत्यादिश्यतां । दमनकः
Aloud he says: Then Sañjîvaka (what?) shall he be informed? Damanaka

ससंभ्रममाह । देव मा मैवं । एतावता मंत्रभेदो
with-confusion says: Sire, not not thus. Through such (a course) counsel-breach

जायते । तथा ह्युक्तं ।
is produced. Thus namely (it is) said:

मंत्रबीजमिदं गुप्तं रक्षणीयं यथा तथा ।
Counsel-seed this hidden to be guarded as thus

मनागपि न भिद्येत तद्भिन्नं न प्ररोहति ॥१४५॥
a little even not should it be broken; that broken not grows. (145)

किंच । आदरस्य प्रदानस्य कर्तव्यस्य च कर्मणः ।
Moreover, Of respect, of a gift, of to be done and work

क्षिप्रमक्रियमाणस्य कालः पिबति तद्रसं ॥१४६॥
speedily not-being done time drinks its-essence. (146)

तदवश्यं समारब्धं महता प्रयत्नेन संपादनीयं।
Therefore necessarily (anything) begun with great exertion to be accomplished.

किंच। मंत्रो योध इवाधीरः सर्वांगैः संवृतैरपि।
Moreover, Counsel a warrior as unsteady with all-limbs covered also

चिरं न सहते स्थातुं परेभ्यो भेदशंकया ॥१४७॥
long not is able to stand from the enemies through breach-apprehension. (147)

यद्यसौ दृष्टदोषोऽपि दोषान्निवर्त्य संधातव्यस्तदतीवानुचितं।
If he with detected-fault even, from the fault turning (him) away, to be conciliated, that exceedingly improper.

यतः। सकृद्दुष्टं तु यो मित्रं पुनः संधातुमिच्छति।
For, A once corrupted but who friend again to conciliate wishes,

स मृत्युमेव गृह्णाति गर्भमश्वतरी यथा ॥१४८॥
he death verily receives an embryo the she-mule as. (148)

सिंहो ब्रूते। ज्ञायतां तावत्किमस्माकमसौ कर्तुं समर्थः। दमनक
The lion says: Let it be known first what against us he to do able. Damanaka

आह। देव
says: Sire

स्वांगांगिभावमज्ञात्वा कथं सामर्थ्यनिर्णयः।
Relation-ship not-knowing how (is there) ability-ascertainment?

पश्य टिट्टिभमात्रेण समुद्रो व्याकुलीकृतः ॥१४९॥
Behold by a sandpiper-merely the sea (was) confounded. (149)

सिंहः पृच्छति। कथमेतत्। दमनकः कथयति। दक्षिणसमुद्रतीरे
The lion asks: How that? Damanaka relates: On the southern-sea-shore

टिट्टिभदंपती निवसतः। तत्र चासन्नप्रसवा टिट्टिभी भर्तारमाह।
a sandpiper-pair dwells. There and near-hatching the hen-bird the husband accosts:

नाथ प्रसवयोग्यस्थानं निभृतमनुसंधीयतां। टिट्टिभोऽवदत्।
Master, a for hatching-fit-place a concealed one let be arranged. The sandpiper said:

भार्ये नन्विदमेव स्थानं प्रसूतियोग्यं। सा ब्रूते। समुद्रवेलया
Wife, (is) not this very place for hatching-fit? She says: By the sea-tide

प्याप्यते स्थानमेतत् । टिट्टिभो ऽवदत् । किमहं निर्बलः समुद्रेण
is reached place this. The sandpiper said: What? (am) I powerless by the sea

निग्रहीतव्यः । टिट्टिभी विहस्याह । स्वामिंस्त्वया समुद्रेण च
to be oppressed? The hen-bird smiling says: My lord, between thee the sea and (is)

महदंतरं । अथवा
a great difference. Surely,

पराभवं परिच्छेत्तुं योग्यायोग्यं च वेत्ति यः ।
Defeat to determine the fit-and unfit also knows who,

अस्तीह यस्य विज्ञानं कृच्छ्रेणापि न सीदति ॥१५०॥
there is here of whom discrimination, through misfortune also not does he perish. (150)

अपि च । अनुचितकार्यारंभः स्वजनविरोधो बलीयसा स्पर्धा ।
Also and, Of an improper-business-the undertaking, of one's own-people-opposition, with a stronger one contest,

प्रमदाजनविश्वासो मृत्योर्द्वाराणि चत्वारि ॥१५१॥
on charming woman-kind-reliance (are) of death gates four. (151)

ततः कृच्छ्रेण स्वामिवचनात्सा तत्रैव प्रसूता । एतत्सर्वं
Then with difficulty according to the husband's-word she there just (was) laying. This all

श्रुत्वा समुद्रेणापि तच्छक्तिज्ञानार्थं तदंडान्यपहृतानि ।
having heard by the sea also, his-strength-in order to know, her-eggs (were) carried off.

ततष्टिट्टिभी शोकार्ता भर्तारमाह । नाथ कष्टमापतितं ।
Then the female with sorrow-pained to the husband says: Lord, the misery (has) come.

तान्यंडानि मे नष्टानि । टिट्टिभो ऽवदत् । प्रिये मा भैषीः ।
Those eggs of me (are) lost. The sandpiper said: My dear, not be afraid!

इत्युक्त्वा पक्षिणां मेलकं कृत्वा पक्षिस्वामिनो गरुडस्य
Thus having said, of the birds assemblage having made, of the bird-king Garuda

समीपं गतः । तत्र गत्वा सकलवृत्तांतं टिट्टिभेन भगवतो
to the proximity he went. There having gone the whole-event by the sandpiper of the blessed

गरुडस्य पुरतो निवेदितं । देव समुद्रेणाहं स्वगृहावस्थितो
Garuḍa in front (was) made known: Sire, by the sea I in my own-house-residing

विनापराधेनैव निगृहीतः । ततस्तद्वचनमाकर्ण्य गरुत्मता प्रभुर्भ-
without offence even oppressed. Then his-word having heard by Garuḍa the lord,

गवान्नारायणः सृष्टिस्थितिप्रलयहेतुर्निर्देशः समुद्रम्-
the holy Nārāyaṇa of creation-preservation-destruction-the cause informed the sea

इदानायादिदेश । ततो भगवदाज्ञां मौलौ निधाय
the eggs-to surrender commanded. Then His Holiness'-command on the crest having placed

समुद्रेण तान्यंडानि टिट्टिभाय समर्पितानि । अतो ऽहं ब्रवीमि ।
by the sea those eggs to the sandpiper given back. Therefore I say:

अंगांगिभावमज्ञात्वेत्यादि ।
Relation-ship not-knowing &c.

राजाह । कथमसौ ज्ञातव्यो द्रोहबुद्धिरिति । दमनको ब्रूते ।
The king says: 'How (is) he to be known as maliciously-disposed?' thus. Dam. says:

यदासौ सदर्पः शृंगाग्रप्रहरणाभिमुखश्चकितमिवागच्छति
When he with-pride with the horn-points-to strike-disposed agitated as it were approaches,

तदा ज्ञास्यति स्वामी । एवमुक्त्वा संजीवकसमीपं गतः । तत्र गतश्च
then will know the lord. Thus having spoken Sañjīvaka-near gone; there gone and

मंदं मंदमुपसर्पन्विस्मितमिवात्मानमदर्शयत् । संजीवकेन
slowly slowly near-going amazed as it were himself showed. By Sañjīvaka

सादरमुक्तं । भद्र कुशलं ते । दमनको ब्रूते । अनुजीविनां
with-politeness said: My dear, good luck to thee. Damanaka says: Of dependants

कुतः कुशलं ।
whence good luck?

यतः । संपत्तयः पराधीनाः सदा चित्तमनिर्वृतं ।
For, (Their) fortunes on another-dependant, constantly the mind uneasy;

स्वजीविते ऽप्यविश्वासस्तेषां ये राजसेवकाः ॥१५२॥
In their-life even no-confidence of those who king's-attendants. (152)

अन्यच्च । को ऽर्थान्प्राप्य न गर्वितो विषयिणः कस्यापदो ऽस्तं गताः
Another and, Who riches having obtained (is) not proud? Of worldling what miseries to setting gone?

स्त्रीभिः कस्य न खंडितं भुवि मनः को वास्ति राज्ञां प्रियः ।
By women whose not tormented on earth mind? Who or is of kings a favourite?

कः कालस्य भुजांतरं न च गतः को ऽर्थी गतो गौरवं
Who of death into the arms not and gone? What beggar gone to consequence?

को वा दुर्जनवागुरासु पतितः क्षेमेण यातः पुमान् ॥१५३॥
Who or of the wicked-into the snares fallen in peace gone man? (153)

संजीवकेनोक्तं । सखे ब्रूहि किमेतत् । दमनक आह । किं ब्रवीमि
By Sañjîvaka said: Friend, say, what (is) this? Damanaka says: What do I say

मंदभाग्यः । पश्य ।
ill-fated? Behold!

मज्जन्नपि पयोराशौ लब्ध्वा सर्पावलंबनं ।
Plunging also into a water-mass, having found on a serpent-dependance

न मुंचति न चादत्ते तथा मुग्धोऽस्मि संप्रति ॥१५४॥
not does one let go not and takes hold, thus perplexed am I now. (154)

यतः । एकत्र राजविश्वासो नश्यत्यन्यत्र बांधवः ।
For, On the one hand the king's-confidence is lost, on the other hand the friend,

किं करोमि क्व गच्छामि पतितो दुःखसागरे ॥१५५॥
What shall I do? Where shall I go fallen into a trouble-ocean? (155)

इत्युक्त्वा दीर्घं निःश्वस्योपविष्टः । संजीवको ब्रूते । मित्र तथापि
Thus saying deeply sighing (he) seated (himself). Sañjîvaka says: Friend, thus even

सविस्तरं मनोगतमुच्यतां । दमनकः सुनिभृतमाह । यद्यपि
at full-length the in mind-gone let be told. Damanaka very-secretly says: If also

राजविश्वासो न कथनीयस्तथापि भवानस्मदीयप्रत्ययादागतः ।
the king's-confidence not to be told, thus even you upon our-assurance approached.

मया परलोकार्थिनावश्यं तव हितमाख्येयं । शृणु । अयं
By me the other-world-seeking necessarily of thee good advice to be told. Listen: This

स्वामी तवोपरि विकृतबुद्धी रहस्युक्तवान् । संजीवकमेव
master thee above having changed-his mind in secret declared: Sañjîvaka certainly

हत्वा स्वपरिवारं तर्पयामि। एतच्छ्रुत्वा संजीवकः परं विषादमगमत्।
having slain my-retinue I regale. This having heard Sañjîvaka to extreme dejection went.

दमनकः पुनराह । अलं विषादेन । प्राप्तकालकार्यमनुष्ठीयतां ।
Dam. again says: Enough with dejection. Of the arrived-time-action let be accomplished!

संजीवकः क्षणं विमृश्याह । सुष्ठु खल्विदमुच्यते । स्वगतं ।
Sañjîvaka a moment having reflected says: Well indeed this is said. Aside (he says):

किं वा दुर्जनचेष्टितं न वेत्येतद्व्यवहारान्निर्णेतुं
'Whether (this is) of the wicked-the doing not or,' thus from his-behaviour to ascertain

न शक्यते ।
not is possible.

यतः । दुर्जनगम्या नार्यः प्रायेणापात्रभृद्भवति राजा ।
For, To bad men-accessible (are) women, often the undeserving-cherishing is a king,

कृपणानुसारि च धनं देवो गिरिजलधिवर्षी च ॥१५६॥
the miser-following and (is) wealth, the god (is) on mountain-and sea-raining and. (156)

कश्चिदाश्रयसौंदर्याद्धत्ते शोभामसज्जनः ।
Some one through his station's-beauty receives splendour, (himself) a bad-man,

प्रमदालोचनन्यस्तं मलीमसमिवांजनं ॥१५७॥
to a lovely woman's-eye-applied dirty as collyrium. (157)

तत्र विचिंत्योक्तं । कष्टं किमिदमापतितं । यतः ।
There reflecting said: Alas, what (is) this (that has) happened? For,

आराध्यमानो नृपतिः प्रयत्नान्न तोषमायाति किमत्र चित्रं ।
Being waited upon a king with perseverance not to contentment goes— what therein astonishing?

अयं त्वपूर्वप्रतिमाविशेषो यः सेव्यमानो रिपुतामुपैति ॥१५८॥
This however an unheard of-character-species, who being served to enmity goes. (158)

तदयमशक्यार्थः प्रमेयः । यतः ।
Then this an impossible-thing to be conjectured. For,

निमित्तमुद्दिश्य हि यः प्रकुप्यति ध्रुवं स तस्यापगमे प्रसीदति ।
A cause pointing out certainly who is angry, assuredly he of it on the removal is pacified;

अकारणद्वेषि मनस्तु यस्य वै कथं जनस्तं परितोषयिष्यति ॥१५९॥
without-a cause-hating the mind but of whom forsooth, how a man him will satisfy? (159)

किं मयापकृतं राज्ञः । अथवा निर्निमित्तापकारिणश्च भवंति
What by me offence given to the king? Or rather without-reason-ill using also are

राजानः । दमनको ब्रूते । एवमेतत् । शृणु ।
kings? Damanaka says: Thus it (is). Listen:

विज्ञैः स्निग्धैरुपकृतमपि द्वेष्यतामेति कैश्चित्
By discreet affectionate ones service (rendered) even displeasure incurs, by some,

साक्षादन्यैरपकृतमपि प्रीतिमेवोपयाति ।
before the eyes by others offence even favour only finds;

चित्रं चित्रं किमथ चरितं नैकभावाश्रयाणां
strange strange what then the conduct (of those who) not (merely) one-passion-harbour!

सेवाधर्मः परमगहनो योगिनामप्यगम्यः ॥१६०॥
Of service-the nature of extreme-depth (is) for Yogins even impracticable. (160)

अन्यच्च । कृतशतमसत्सु नष्टं सुभाषितशतं च नष्टमबुधेषु ।
Another and, Of benefits-a hundred upon the unworthy (is) lost, of good-words-a hundred and (is) lost upon the ignorant;

वचनशतमवचनकरे बुद्धिशतमचेतने नष्टं ॥१६१॥
of advices-a hundred upon the not-advice-following, of intellects-a hundred upon the unintelligent (is) lost. (161)

किंच । चंदनतरुषु भुजंगा जलेषु कमलानि तत्र च ग्राहाः ।
Moreover, On sandal-trees (are) serpents, in the waters lotuses, there also alligators,

गुणघातिनश्च भोगे खला न च सुखान्यविघ्नानि ॥१६२॥
merit-curtailing and in enjoyment knaves, not and (is) happiness un-obstructed. (162)

अन्यच्च । मूलं भुजंगैः कुसुमानि भृंगैः
Another and, The root by serpents, the flowers by bees,

शाखाः प्लवंगैः शिखराणि भल्लैः ।
the branches by monkeys, the tops by bears—

नास्त्येव तच्चंदनपादपस्य
not is indeed that of a sandal-tree,

यन्नाश्रितं दुष्टतरैश्च हिंस्रैः ॥१६३॥
which not occupied by very wicked and injurious ones. (163)

अयं तावत्स्वामी वाचि मधुरो विषहृदयो ज्ञातः । यतः ।
This then master in (his) speech sweet poison-hearted known. For,

दूरादुच्छ्रितपाणिरार्द्रनयनः प्रोत्सारितार्धासनो
From afar with raised-hands, with wet-eyes, offering-half-the seat,

गाढालिंगनतत्परः प्रियकथाप्रश्नेषु दत्तादरः ।
in close-embraces-delighting, to kind-words-and enquiries paying-attention,

अंतर्भूतविषो बहिर्मधुमयश्चातीव मायापटुः
with concealed-poison outwardly of honey made up and, exceedingly in guile-clever;

को नामायमपूर्वनाटकविधिर्यः शिक्षितो दुर्जनैः ॥१६४॥
what namely (is) this unheard of-mimic-art which (is) learnt by the wicked! (164)

तथा हि। पोतो दुस्तरवारिराशितरणे दीपो ऽन्धकारागमे
Thus for: The boat of the difficult-water-mass-in the crossing, the lamp at darkness-approach,

निर्वाते व्यजनं मदांधकरिणां दर्पोपशांत्यै सृणिः।
in a calm a fan, of passion-blinded-elephants for the fury-allayment the hook—

इत्थं तद्भुवि नास्ति यस्य विधिना नोपायचिंता कृता
thus that on earth not is, for which by Providence not an expedient-thought made;

मन्ये दुर्जनचित्तवृत्तिहरणे धाताऽपि भग्नोद्यमः ॥१६५॥
I think, of the wicked-mind-state-destruction the Creator even (is) baffled-in his effort. (165)

संजीवकः पुनर्निःश्वस्य। कष्टं भो कथमहं शस्यभक्षकः सिंहेन
Sañjîvaka again sighing: Alas, oh, how I grain-eating by the lion

निपातयितव्यः।
to be destroyed!

यतः। ययोरेव समं वित्तं ययोरेव समं बलं।
For, Of two verily (is) equal wealth, of two verily equal strength,

तयोर्विवादो मंतव्यो नोत्तमाधमयोः क्वचित् ॥१६६॥
of those contest to be imagined, not of a very high-and a very low one anywhere. (166)

पुनर्विचिंत्य। केनायं राजा ममोपरि विकारितः। न जाने।
Again having reflected: Wherefore (is) this king me about changed? Not do I know.

भेदमुपगताद्राज्ञः सदा भेतव्यं। यतः।
From a to enmity approached king always to be feared. For,

मंत्रिणा पृथिवीपालचित्तं विघटितं क्वचित्।
By a minister an earth-protector's-mind damaged anywhere

वलयं स्फटिकस्येव को हि संधातुमीश्वरः ॥१६७॥
a bracelet of crystal like, who possibly to repair (is) competent? (167)

अन्यच्च। वज्रं च राजतेजश्च द्वयमेवातिभीषणं।
Another and, A thunderbolt and, a king's-power and, both surely exceedingly-terrific,

एकमेकत्र पतति पतत्यन्यत्समंततः ॥१६८॥
the one in one place falls, it falls the other all around. (168)

ततः संग्रामे मृत्युरेव वरं । इदानीं तदाज्ञानुवर्तनमयुक्तं । यतः ।
Then in battle death only preferable. Now to his-commands-obedience improper. For,

मृतः प्राप्नोति वा स्वर्गं शत्रुं हत्वा सुखानि वा ।
Dying he obtains either heaven, the enemy having slain happiness or;

उभावपि हि शूराणां गुणावेतौ सुदुर्लभौ ॥१६९॥
both together indeed of heroes blessings these two very-hard-to be acquired. (169)

युद्धकालश्चायं । यत्रायुद्धे ध्रुवं मृत्युर्युद्धे जीवितसंशयः ।
Battle-time and this. Where in not-battling certainly death, in battle of life-a chance,

तमेव कालं युद्धस्य प्रवदंति मनीषिणः ॥१७०॥
that very time of battle proclaim the wise. (170)

यतः । अयुद्धे हि यदा पश्येन्न किंचिद्धितमात्मनः ।
For, Without-battle verily if he should behold not anything favourable of himself,

युध्यमानस्तदा प्राज्ञो म्रियते रिपुणा सह ॥१७१॥
fighting then the wise dies with the enemy together. (171)

जये च लभते लक्ष्मीं मृतेनापि सुरांगनां ।
In victory and he obtains Fortune, by death also a divine-bride.

क्षणविध्वंसिनः कायाः का चिंता मरणे रणे ॥१७२॥
In a moment-perishing (are) the bodies; What reflection on dying in battle? (172)

एतच्चिंतयित्वा संजीवक आह । भो मित्र कथमसौ मां
This having considered Sañjīvaka says: O friend! How he (as) me

जिघांसुर्ज्ञातव्यः । दमनको ब्रूते । यदासौ स्तब्धकर्णः
to slay intending to be recognised? Damanaka says: When he with erected-ears

समुन्नतलांगूल उन्नतचरणो विवृतास्यस्त्वां पश्यति तदा त्वमेव
with cocked-tail with raised-paws with opened-mouth at thee looks, then thou likewise

स्वविक्रमं दर्शयिष्यसि ।
thy-valour wilt-show.

यतः । बलवानपि निस्तेजाः कस्य नाभिभवास्पदं ।
For, A strong one even without-pluck, of whom (is he) not for contempt-an object?

निःशंकं दीयते लोकैः पश्य भस्मचये पदं ॥१७३॥
Without-fear is set by people, behold, on an ash-heap the foot. (173)

किंतु सर्वमेतत्सुगुप्तमनुष्ठातव्यं नो चेन्न त्वं नाहमित्युक्त्वा
However all this very-secretly to be executed; not if, not thou nor I— thus saying

दमनकः करटकसमीपं गतः । करटकेनोक्तं । किं निष्पन्नं ।
Damanaka Karaṭaka-near gone. By Karaṭaka said: What effected?

दमनकेनोक्तं । निष्पन्नो ऽसावन्योन्यभेदः । करटको ब्रूते । को
By Damanaka said: Effected that reciprocal-breach. Karaṭaka says: What

ऽत्र संदेहः । यतः ।
therein doubt? For,

बंधुः को नाम दुष्टानां कुप्यते को न याचितः ।
A friend who namely of the wicked? Becomes angry who not solicited?

को न तृप्यति वित्तेन कुकृत्ये को न पंडितः ॥१७४॥
Who not delights in wealth? In an evil-art who not wise? (174)

अन्यच्च । दुर्वृत्तः क्रियते धूर्तैः श्रीमानात्मविवृद्धये ।
Another and, Miserable is rendered by knaves the prosperous for (their) own-aggrandisement,

किं नाम खलसंसर्गः कुरुते नाश्रयाशवत् ॥१७५॥
(What!) namely knaves-company does it act not fire-like? (175)

ततो दमनकः पिंगलकसमीपं गत्वा देव समागतो ऽसौ
Then Damanaka Piṅgalaka-near having gone, 'Sire, approached (is) that

पापाशयस्ततः सज्जीभूय स्थीयतामित्युक्त्वा पूर्वोक्ताकारं
evil-receptacle, then ready-being you ought to stand,' thus saying the before-described-attitude

कारयामास । संजीवको ऽप्यागत्य तथाविधं विकृता-
he caused (him) to make. Sañjīvaka also having approached, in such-a state with altered-

कारं सिंहं दृष्ट्वा स्वानुरूपं विक्रमं चकार । ततस्
appearance the lion seeing to himself-befitting valour showed. Then

तयोर्युद्धे संजीवकः सिंहेन व्यापादितः । अथ संजीवकं सेवकं
of those two in the contest Sañj. by the lion (was) killed. Now Sañj. the attendant

पिंगलको व्यापाद्य विश्रांतः सशोक इव तिष्ठति ब्रूते च ।
Piṅgalaka having killed exhausted with-sorrow as it were stands says and:

किं मया दारुणं कर्म कृतं ।
What by me cruel action done!

यतः । परैः संभुज्यते राज्यं स्वयं पापस्य भाजनं ।
For, By others is enjoyed the kingdom, he himself of sin a vessel,

धर्मातिक्रमतो राजा सिंहो हस्तिवधादिव ॥१७६॥
through law-transgression (is) a king the lion through elephant-slaughter as. (176)

अपरं च । भूम्येकदेशस्य गुणान्वितस्य
Another and, Of a territory-portion, of a virtue-endowed

भृत्यस्य वा बुद्धिमतः प्रणाशः ।
attendant or, of an intelligent, the loss?—

भृत्यप्रणाशो मरणं नृपाणां
attendant-loss (is) the death of princes;

नष्टापि भूमिः सुलभा न भृत्याः ॥१७७॥
lost even territory (is) easily-obtainable, not attendants. (177)

दमनको ब्रूते । स्वामिन्को ऽयं नूतनो न्यायो यदरातिं हत्वा
Damanaka says: Master, what this new doctrine, that an enemy having slain

संतापः क्रियते ।
repentance is made?

तथा चोक्तं । पिता वा यदि वा भ्राता पुत्रो वा यदि वा सुहृत् ।
Thus and said: A father either or a brother a son either or a friend

प्राणच्छेदकरा राज्ञा हंतव्या भूतिमिच्छता ॥१७८॥
life-destruction-causing by a king to be slain, (by one) welfare desiring. (178)

अपि च । धर्मार्थकामतत्त्वज्ञो नैकांतकरुणो भवेत् ।
Also and, Of justice-interest-and pleasure-the truth-knowing not exclusively-merciful he should be,

न हि हस्तस्थमप्यन्नं क्षमावान्भक्षितुं क्षमः ॥१७९॥
not for the in the hand-standing even food the merciful to eat able. (179)

किंच । क्षमा शत्रौ च मित्रे च यतीनामेव भूषणं ।
Moreover, Mercy towards an enemy and, towards a friend and, of hermits only an ornament;

अपराधिषु सत्त्वेषु नृपाणां सैव दूषणं ॥१८०॥
towards guilty beings of kings that verily (is) a fault. (180)

अपरं च । राज्यलोभादहंकारादिच्छतः स्वामिनः पदं ।
Another and, Through dominion-desire, through egotism, of one wishing a master's place,

प्रायश्चित्तं तु तस्यैकं जीवोत्सर्गो न चापरं ॥१८१॥
the expiation truly of him alone life-abandonment, not and another. (181)

अन्यच्च। राजा घृणी ब्राह्मणः सर्वभक्षः
Another and, A king merciful, a Brâhman everything-eating,

स्त्री चावशा दुष्प्रकृतिः सहायः।
a woman and un-ruly, an ill-natured companion,

प्रेष्यः प्रतीपो ऽधिकृतः प्रमादी
a servant disobedient, an officer careless,

त्याज्या इमे यश्च कृतं न वेत्ति ॥१८२॥
to be shunned (are) these, who and a benefit not acknowledges. (182)

विशेषतश्च। सत्यानृता च परुषा प्रियवादिनी च
Especially and, True false and, harsh kindly-speaking and,

हिंस्रा दयालुरपि चार्थपरा वदान्या।
injuring merciful also and, on money-intent generous,

नित्यव्यया प्रचुररत्नधनागमा च
constantly-spending abundant-jewels-and wealth-receiving and,

वारांगनेव नृपनीतिरनेकरूपा ॥१८३॥
a wanton woman like a prince's-conduct (is) many-forms assuming. (183)

इति दमनकेन संतोषितः पिंगलकः स्वां प्रकृतिमापन्नः सिंहासने
Thus by Damanaka pacified Piṅgalaka to his natural state come on the throne

समुपविष्टः। दमनकः प्रहृष्टमना विजयतां महाराजः शुभमस्तु
sat down. Damanaka with exulting-mind 'May be victorious the great-king! happiness be

सर्वजगतामित्युक्त्वा यथासुखमवस्थितः। विष्णुशर्मोवाच। सुहृद्भेदः
of all-the world!' thus saying at-ease remained. Vishṇuśarman said: The Friend-separation

श्रुतस्तावद्भवद्भिः। राजपुत्रा ऊचुः। भवत्प्रसादाच्छ्रुतः। सुखिनो
heard then by you. The king's-sons said: Through your-kindness heard. Pleased

भूता वयं। विष्णुशर्माब्रवीत्। अपरमपीदमस्तु।
(have) become we. Vishṇuśarman said: Further also this may be:

सुहृद्भेदस्तावद्भवतु भवतां शत्रुनिलये
Friend-separation then may be of you of the enemies-in the house!

खलः कालाकृष्टः प्रलयमुपसर्पत्वहरहः ।
The traitor by Time-dragged on to destruction may go day-by day!

जनो नित्यं भूयात्सकलसुखसंपत्तिवसतिः
Mankind constantly may be of all-happiness-prosperity-the abode!

कथारंभे रम्ये सततमिह बालो ऽपि रमतां ॥ १८४ ॥
In the story-commencement, in the delightful, perpetually here youth also may delight. (184)

॥ इति हितोपदेशे सुहृद्भेदो नाम द्वितीयकथासंग्रहः समाप्तः ॥
Thus in the Hitopadesa, Friend-separation by name the second-story-collection finished.

॥ अथ विग्रहः ॥

NOW WAR.

पुनः कथारंभकाले राजपुत्रा ऊचुः । आर्य राजपुत्रा

Again at story-commencement-time the king's-sons said: Reverend Sir, king's-sons

वयं तद्विग्रहं श्रोतुं नः कुतूहलमस्ति । विष्णुशर्मणोक्तं । यदेव

we, then War to hear of us desire is. By Vishṇuśarman said: What just

भवद्भ्यो रोचते कथयामि । विग्रहः श्रूयतां यस्यायमाद्यः श्लोकः ।

to you is agreeable, I relate. War may be heard, of which this the first verse:

हंसैः सह मयूराणां विग्रहे तुल्यविक्रमे ।

With the geese together of the peacocks in the war of equal-valour,

विश्वास्य वंचिता हंसाः काकैः स्थित्वारिमंदिरे ॥१॥

having been made to trust (were) betrayed the geese by the crows standing in the enemy's-house. (1)

राजपुत्रा ऊचुः । कथमेतत् । विष्णुशर्मा कथयति । अस्ति कर्पूरद्वीपे

The king's-sons said: How that? Vishṇuśarman relates: There is in Karpûradvîpa

पद्मकेलिनामधेयं सरः । तत्र हिरण्यगर्भो नाम राजहंसः

Padmakeli-named a lake. There Hiraṇyagarbha by name a flamingo*

प्रतिवसति । स च सर्वैर्जलचरपक्षिभिर्मिलित्वा पक्षिराज्ये

resides. He and by all aquatic-birds, having met, in the bird-sovereignty

ऽभिषिक्तः । यतः ।

anointed. For,

यदि न स्यान्नरपतिः सम्यङ्नेता ततः प्रजा ।

If not there were a man-lord, a competent leader, then the people

अकर्णधारा जलधौ विप्लवेतेह नौरिव ॥२॥

without-a steersman on the ocean would be tossed about here a ship like. (2)

---

* Literally, Royal goose, a white goose with red legs and bill, supposed to be a kind of flamingo.

अपरं च। प्रजां संरक्षति नृपः सा वर्धयति पार्थिवं।
Another and, The people protects a king, that makes grow the king;

वर्धनाद्रक्षणं श्रेयस्तदभावे सदप्यसत् ॥३॥
than growth protection (is) better, of that-in the absence the existing even (is) not-existing. (3)

एकदासौ राजहंसः सुविस्तीर्णकमलपर्यंके सुखासीनः परिवारपरि-
One day that flamingo on a well-spread-lotus-bed at ease-seated by attendants-sur-

वृतस्तिष्ठति। ततः कुतश्चिद्देशादागत्य दीर्घमुखो नाम बकः
rounded stands. Then from some country having arrived Dirghamukha by name a crane,

प्रणम्योपविष्टः। राजोवाच। दीर्घमुख देशांतरादागतो
having bowed sat down. The king said: Dirghamukha, from another-country arrived

ऽसि। वार्ता कथय। स ब्रूते। देव अस्ति महती वार्ता। तां
thou art. The news tell! He says: Sire, There is great news. That

वक्तुं सत्वरमागतो ऽहं। श्रूयतां। अस्ति जंबुद्वीपे
to tell with-haste approached I (am). Be it heard! There is in Jambudvipa

विंध्यो नाम गिरिः। तत्र चित्रवर्णो नाम मयूरः पक्षिराजो
Vindhya by name a mountain. There Chitravarna by name a peacock bird-king

निवसति। तस्यानुचरैश्चरद्भिः पक्षिभिरहं दग्धारण्यमध्ये
resides. Of him by the followers going about by the birds I of a burnt-wood-in the midst

चरन्नवलोकितः पृष्टश्च। कस्त्वं कुतः समागतो ऽसि। तदा मयो-
going espied asked and: Who thou? Whence approached art thou? Then by me

क्तं। कर्पूरद्वीपस्य राजचक्रवर्तिनो हिरण्यगर्भस्य राजहंसस्यानुचरो
said: Of Karpûradvipa's royal-ruler Hiranyagarbha the flamingo a follower

ऽहं। कौतुकाद्देशांतरं द्रष्टुमागतो ऽस्मि। एतच्छ्रुत्वा
(am) I. From curiosity another-country to see approached I am. This having heard

पक्षिभिरुक्तं। अनयोर्देशयोः को देशो भद्रतरो राजा
by the birds (it was) said: Of these two countries which country (is) better, king

च। मयोक्तं। आः किमेवमुच्यते। महदंतरं। यतः
and? By me said: Oh! Why thus is spoken? A great difference. For

कर्पूरद्वीपः स्वर्ग एव राजहंसश्च द्वितीयः स्वर्गपतिः।
Karpûradvipa (is) a paradise indeed, the flamingo and a second paradise-king.

अत्र मरुस्थले पतिता यूयं किं कुरुथ । अस्मद्देशे गम्यतां ।
Here in a desert-place alighted you what do? To our-country let be gone!

ततो ऽस्मद्वचनमाकर्ण्य सर्वे सकोपा बभूवुः । तथा चोक्तं ।
Then my-word having heard all angry became. Thus and said:

पयःपानं भुजंगानां केवलं विषवर्धनं ।
Of milk-a draught of serpents merely poison-increase;

उपदेशो हि मूर्खाणां प्रकोपाय न शांतये ॥४॥
Advice verily (is) of *fools* to the exasperation, not to the pacification. (4)

अन्यच्च । विद्वानेवोपदेष्टव्यो नाविद्वांस्तु कदाचन ।
Another and, The wise only to be advised, not the ignorant however at any time;

वानरानुपदिश्याथ स्थानभ्रष्टा ययुः खगाः ॥५॥
the monkeys having advised then from their dwelling-turned out went the birds. (5)

राजोवाच । कथमेतत् । दीर्घमुखः कथयति । अस्ति नर्मदातीरे
The king said: How that? Dirghamukha relates. There is on the Narmadâ-bank

विशालः शाल्मलीतरुः । तत्र निर्मितनीडक्रोडे पक्षिणो निवसंति
a large silk-cotton-tree. There of built-nests-in the interior birds dwell

सुखेन । अथैकदा वर्षासु नीलपटलैरावृते नभस्तले
at ease. Now one day in the rains, with dark-veils being covered the cloud-plain,

धारासारैर्महती वृष्टिर्बभूव । ततो वानरांश्च तरुतले
with drop-showers a great rain was. Then the monkeys and at a tree's-foot

ऽवस्थिताञ्शीताकुलान्कंपमानानवलोक्य कृपया पक्षिभिरुक्तं । भो
standing, by cold-pained, trembling, seeing through pity by the birds said: Ho,

भो वानराः शृणुत ।
Ho, monkeys, listen!

अस्माभिर्निर्मिता नीडाश्चंचुमात्राहृतैस्तृणैः ।
By us (have been) built nests with by beaks-only-collected straws;

हस्तपादादिसंयुक्ता यूयं किमिति सीदथ ॥६॥
with hands-feet-&c.-endowed you why thus do you sit? (6)

तच्छ्रुत्वा वानरैर्जातामर्षैरालोचितं । अहो निर्वातनीडगर्भावस्थिताः
That having heard by the monkeys with roused-anger considered: Oh! in a sheltered-nest's-interior-sitting

सुखिनः पक्षिणो ऽस्मान्निंदंति । भवतु तावद्वृष्टेरुपशमः । अनंतरं
happy the birds us reproach. Let there be only of the rain abatement! Thereupon,

शांते पानीयवर्षे तैर्वानरैर्वृक्षमारुह्य सर्वे नीडा
having abated the water-rain, by those monkeys, the tree having ascended, all the nests

भग्नास्तेषामंडानि चाधः पातितानि । अतो ऽहं ब्रवीमि । विद्वाने-
(were) broken of them the eggs and down thrown. Therefore I say: The wise

वोपदेष्टव्य इत्यादि । राजोवाच । ततस्तैः किं कृतं । बकः कथयति ।
only to be advised &c. The king says: Then by them what done? The crane relates:

ततस्तैः पक्षिभिः कोपादुक्तं । केनासौ राजहंसो राजा कृतः ।
Then by those birds angrily said: By whom that flamingo king made?

ततो मयोपजातकोपेनोक्तं । युष्मदीयमयूरः केन राजा कृतः ।
Then by me with roused-anger said: Your-peacock by whom king made?

एतच्छ्रुत्वा ते सर्वे मां हंतुमुद्यताः । ततो मयापि स्वविक्रमो
This having heard they all me to kill endeavoured. Then by me also my-valour

दर्शितः । यतः ।
shown. For,

अन्यदा भूषणं पुंसां क्षमा लज्जेव योषितां ।
At other times an ornament of men (is) forbearance, modesty as of women;

पराक्रमः परिभवे वैयात्यं सुरतेष्विव ॥ ७ ॥
valour at an insult, unrestrainedness in amorous sports as. (7)

राजा विहस्याह । आत्मनश्च परेषां च यः समीक्ष्य बलाबलं ।
The king smiling says: Of himself and, of others and who having seen the strength-and weakness

अंतरं नैव जानाति स तिरस्क्रियते ऽरिभिः ॥ ८ ॥
the difference not indeed knows, he is overcome by enemies. (8)

अन्यच्च । सुचिरं हि चरन्नित्यं क्षेत्रे सस्यमबुद्धिमान् ।
Another and, A good-long while surely grazing constantly in a field on the corn unwise

द्वीपिचर्मपरिच्छन्नो वाग्दोषाद्गर्दभो हतः ॥ ९ ॥
with a tiger's-skin-covered through his voice's-fault the ass (was) slain. (9)

बकः पृच्छति । कथमेतत् । राजा कथयति । अस्ति हस्तिनापुरे
The crane asks: How that? The king relates: There is in Hastinápura

विलासो नाम रजकः। तस्य गर्दभो ऽतिवाहनाद्दुर्बलो
Vilâsa by name a washerman. Of him the ass through over-carrying weakened

मुमूर्षुरिवाभवत्। ततस्तेन रजकेनासौ व्याघ्रचर्मणा
going to die almost was. Then by that washerman he, with a tiger's-skin

प्रच्छाद्यारण्यसमीपे शस्यक्षेत्रे नियुक्तः। ततो दूरात्
having covered (him), in a forest's-proximity on a corn-field placed. Then from afar

तमवलोक्य व्याघ्रबुद्ध्या क्षेत्रपतयः सत्वरं पलायंते।
him having seen from tiger-supposition the field-owners with-haste run away.

अथैकदा केनापि शस्यरक्षकेण धूसरकंबलकृततनुत्राणेन
Now one day by some corn-guard having an of grey-cloth-made-body-covering,

धनुःकांडं सज्जीकृत्यानतकायेनैकांते स्थितं। तं च
bow-and arrow having made ready, with bent-body at one-end stood. Him and

दूराद्दृष्ट्वा गर्दभः पुष्टांगो यथेष्टशस्यभक्षणजातबलो
from afar seeing the donkey fat-limbed with by freely-corn-eating-produced-strength,

गर्दभीयमिति मत्वोच्चैः शब्दं कुर्वाणस्तदभिमुखं धावितः
'a female ass that' thus thinking, aloud the voice making him-towards running,

शस्यरक्षकेण चित्कारशब्दान्निश्चित्य गर्दभो ऽयमिति
by the corn-guard through the braying-noise ascertaining 'a donkey this' thus

लीलयैव व्यापादितः। अतो ऽहं ब्रवीमि। सुचिरं हि चरन्नि-
for wantonness verily killed. Therefore I say: A good-long while surely grazing

त्यमित्यादि। दीर्घमुखो ब्रूते। ततः पक्षिभिरुक्तं। अरे पाप दुष्ट
constantly etc. The crane says: Then by the birds said: 'Oh wretched vile

बक। अस्माकं भूमौ चरन्नस्माकं स्वामिनमधिक्षिपसि तन्न
crane! Of us on the ground walking of us the master thou revilest, that not

क्षंतव्यमिदानीमित्युक्त्वा सर्वे मां चंचुभिर्हत्वा सकोपा
to be endured now' thus saying all me with the beaks having pecked with-anger

ऊचुः। पश्य रे मूर्ख स हंसस्तव राजा सर्वथा मृदुः।
they said: Behold, oh fool, that goose of thee the king (is) wholly weak.

तस्य राज्याधिकारो नास्ति यत एकांतमृदुः करतलस्थम-
Of him to sovereignty-claim not is, for one thoroughly-weak an in the palm-standing

प्यर्थं रक्षितुमक्षमः स कथं पृथिवीं शास्ति राज्यं वा तस्य
even thing to guard unable, he how the earth rules, sovereignty or of him

किं। किंतु त्वं च कूपमंडूकः। तेन तदाश्रयमुपदि-
what? However thou also (art) a well-frog; therefore his-protection thou

शसि। शृणु।
recommendest. Listen,

सेवितव्यो महावृक्षः फलच्छायासमन्वितः।
To be esteemed (is) a great-tree with fruit-and shade-endowed;

यदि दैवात्फलं नास्ति छाया केन निवार्यते ॥१०॥
if by fate fruit not is, the shade by whom is taken away? (10)

अन्यच्च। हीनसेवा न कर्तव्या कर्तव्यो महदाश्रयः।
Another and, Of the vile-service not to be made; to be made to the great-resort;

पयो ऽपि शौंडिकीहस्ते वारुणीत्यभिधीयते ॥११॥
water even in a hostess's-hand 'spirituous liquor' thus is called. (11)

अन्यच्च। महानप्यल्पतां याति निर्गुणे गुणविस्तरः।
Another and, Great even to smallness goes in a virtue-less virtue-extent,

आधाराधेयभावेन गजेंद्र इव दर्पणे ॥१२॥
by the recipient's-and the received object's-relation, a royal elephant as in a mirror*. (12)

विशेषतश्च। व्यपदेशे ऽपि सिद्धिः स्यादतिशक्ते नराधिपे।
Especially and, In a fiction even success may be against an over-strong man-ruler,

शशिनो व्यपदेशेन शशकाः सुखमासते ॥१३॥
by the moon's fiction the hares comfortably dwell. (13)

मयोक्तं। कथमेतत्। पक्षिणः कथयंति। कदाचिदपि वर्षासु
By me said: How that? The birds relate: Once even in the rainy season

वृष्टेरभावात्तृषार्तो गजयूथो यूथपतिमाह।
of rain through the absence with thirst-pained an elephant-troop the troop-chief addresses:

नाथ को ऽभ्युपायो ऽस्माकं जीवनाय। नास्ति क्षुद्रजंतूनां
Master, what means of us for the life? Not is there of small-animals

---

* The mirror being small it can only, as recipient, reflect the elephant as a small object. To the small everything is small.

निमज्जनस्थानं वयं च निमज्जनस्थानाभावान्मृतप्राया इव । किं
a bathing-place, we and for a bathing-place's-want death-suffering almost. What

कुर्मः । क्व यामः । ततो हस्तिराजो नातिदूरं गत्वा
shall we do? Where shall we go? Then the elephant-king not too-far having gone

निर्मलं ह्रदं दर्शितवान् । ततो दिनेषु गच्छत्सु तत्तीरावस्थित-
a stainless pool showed. Then, the days passing, by the on its-bank-remaining-

गजपादाहतिभिश्चूर्णिताः क्षुद्रशशकाः । अनंतरं शिलीमुखो नाम
elephants'-foot-tramplings (were) crushed the little-hares. Thereupon Silîmukha by name

शशकश्चिंतयामास । अनेन गजयूथेन पिपासाकुलितेन प्रत्यहमत्रा-
a hare was thinking: By this elephant-troop with thirst-pained daily here

गंतव्यं । अतो विनश्यत्यस्मत्कुलं । ततो विजयो नाम वृद्धशशको
will be come; thereby perishes our-race. Then Vijaya by name an old-hare

ऽवदत् । मा विषीदत मयात्र प्रतीकारः कर्तव्यः । ततो ऽसौ
said: Not do despair! by me here a remedy to be made. Then he

प्रतिज्ञाय चलितः । गच्छता च तेनालोचितं । कथं गजयूथ-
having promised started. Going and by him reflected: How in the elephant-troop's-

समीपे स्थित्वा वक्तव्यं ।
proximity standing to be spoken?

यतः । स्पृशन्नपि गजो हंति जिघ्रन्नपि भुजंगमः ।
For, Touching even an elephant kills, smelling even a serpent,

पालयन्नपि भूपालः प्रहसन्नपि दुर्जनः ॥१४॥
protecting even a king, smiling even the wicked man. (14)

अतो ऽहं पर्वतशिखरमारुह्य यूथनाथं संवादयामि । तथानुष्ठिते
Therefore I the mountain-summit ascending the troop-chief address: Thus being done

यूथनाथ उवाच । कस्त्वं कुतः समायातः । स ब्रूते । शशको
the troop-chief said: Who thou? Whence approached? He says: A hare

ऽहं भगवता चंद्रेण भवदंतिकं प्रेषितः । यूथपतिराह । कार्यमु-
I, by the venerable moon you-near despatched. The troop-chief says: (Your) business

च्यतां । विजयो ब्रूते ।
let be told! Vijaya says:

उद्यतेष्वपि शस्त्रेषु दूतो वदति नान्यथा ।
Being uplifted even the weapons, a messenger speaks not otherwise,

सदैवावध्यभावेन यथार्थस्य हि वाचकः ॥१५॥
always verily through his inviolable-state of truth surely (he is) a speaker. (15)

तदहं तदाज्ञया ब्रवीमि । शृणु । यदेते चंद्रसरोरक्षकाः
Therefore I by his-command speak. Listen! That these moon-lake-guardians,

शशकास्त्वया निःसारितास्तदनुचितं कृतं । ते शशकाश्चिरमस्माकं
the hares, by thee expelled, that improper done. Those hares long of us

रक्षिताः । अत एव मे शशांक इति प्रसिद्धिः । एवमुक्तवति
protected. Thence verily of me 'Saśáṅka*' thus the title. Thus having spoken

दूते यूथपतिर्भयादिदमाह । प्रणिधेहि । इदमज्ञानतः
the messenger, the troop-lord from fear this says: Attend! This through ignorance

कृतं पुनर्न कर्तव्यं । दूत उवाच । यद्येवं तदत्र
done; again not (it is) to be done. The messenger said: If (it is) thus, then here

सरसि कोपात्कंपमानं भगवंतं शशांकं प्रणम्य प्रसाद्य
the in the lake with anger trembling venerable moon having saluted, having pacified (him),

गच्छ । ततो रात्रौ यूथपतिं नीत्वा जले चंचलं
go! Then at night the troop-lord having led, in the water the trembling

चंद्रबिंबं दर्शयित्वा यूथपतिः प्रणामं कारितः । उक्तं
moon's-image having shown, the troop-lord prostration to make (was) caused; said

च तेन । देव अज्ञानादनेनापराधः कृतस्ततः
and by him: Sire, from ignorance by him the offence committed, therefore

क्षम्यतां नैवं वारांतरं विधास्यते । इत्युक्त्वा प्रस्थापितः ।
let it be pardoned, not thus another-time will be done. Thus saying (he was) sent away.

अतो ऽहं ब्रवीमि । व्यपदेशे ऽपि सिद्धिः स्यादिति । ततो
Therefore I say: 'In a fiction even success may be' thus. Then

मयोक्तं । स एवास्मत्प्रभू राजहंसो महाप्रतापो
by me said: 'That verily our-master, the flamingo, (is) of great-majesty,

---

* Saśáṅka, i. e. hare-mark, a name of the moon, the spots in the moon, or the man in the moon, being likened by the Hindus to a hare.

ऽतिसमर्थः । त्रैलोक्यस्यापि प्रभुत्वं तत्र युज्यते किं
exceedingly-mighty. Of the three worlds even the sovereignty for him is fit, how

पुना राज्यमिति । ततो ऽहं तैः पक्षिभिर्दुष्ट कथमस्मद्भूमौ
much more a kingdom,' thus. Then I by those birds 'Wretch, how on our-ground

चरसीत्यभिधाय राज्ञश्चित्रवर्णस्य समीपं नीतः । ततो राज्ञः
goest thou!' thus saying of king Chitravarṇa to the proximity led. Then of the king

पुरो मां प्रदर्श्य तैः प्रणम्योक्तं । देव अवधीयतामेष
in front me having shown, by them, having bowed, said: Sire let be noticed, this

दुष्टो बको यदस्मद्देशे चरन्नपि देवपादानधिक्षिपति । राजाह ।
vile crane that, on our-land walking although, Y. M.'s-feet reviles. The king says:

को ऽयं कुतः समायातः । त ऊचुः । हिरण्यगर्भनाम्नो
Who this? Whence approached? They said: Of the Hiraṇyagarbha-named

राजहंसस्यानुचरः कर्पूरद्वीपादागतः । अथाहं गृध्रेण मंत्रिणा
flamingo a follower, from Karpûradvîpa arrived. Now I by the vulture the minister

पृष्टः । कस्तत्र मुख्यो मंत्रीति । मयोक्तं ।
(was) asked: 'Who (is) there prime minister?' thus. By me said:

सर्वशास्त्रार्थपारगः सर्वज्ञो नाम चक्रवाकः । गृध्रो
With all-sciences'-meaning-conversant Sarvajña by name the Chakravâka. The vulture

ब्रूते । युज्यते । स्वदेशजो ऽसौ । यतः ।
says: It is proper. In his-country-born (is) he. For,

स्वदेशजं कुलाचारं विशुद्धमथवा शुचिं ।
One in his-country-born, caste-duties (observing), honest, moreover pure,

मंत्रज्ञमव्यसनिनं व्यभिचारविवर्जितं ॥१६॥
counsel-knowing, sin-less, from transgression-free, (16)

अधीतव्यवहारार्थं मौलं ख्यातं विपश्चितं ।
one who has studied-the law's-sense, of pure blood, renowned, intelligent,

अर्थस्योत्पादकं चैव विदध्यान्मंत्रिणं नृपः ॥१७॥
of wealth a producer and likewise should appoint as minister a king. (17)

अत्रांतरे शुकेनोक्तं । देव कर्पूरद्वीपादयो लघुद्वीपा
There meanwhile by a parrot said: Sire Karpûradvîpa-&c. the small-islands

जंबुद्वीपांतर्गता एव । तथापि देवपादानामेवाधिपत्यं ।
in Jambudvipa-included verily. There also of Y. M.'s-feet certainly the sovereignty.

ततो राज्ञाप्युक्तं । एवमेव ।
Then by the king also said: So quite.

यतः । राजा मत्तः शिशुश्चैव प्रमादी धनगर्वितः ।
For, A king, a madman, a child and likewise, the careless, the wealth-proud,

अप्राप्यमभिवांछंति किं पुनर्लभ्यते ऽपि यत् ॥१८॥
the unattainable desire; how much more, is obtained also what! (18)

ततो मयोक्तं । यदि वचनमात्रेणैवाधिपत्यं सिध्यति तदा
Then by me said: If by words-merely verily sovereignty is accomplished, then

जंबुद्वीपे ऽप्यस्मत्प्रभोर्हिरण्यगर्भस्य स्वाम्यमस्ति । शुको ब्रूते ।
in Jambudvipa also of our-master Hiranyagarbha dominion is. The parrot says:

कथमत्र निर्णयः । मयोक्तं । संग्राम एव । राज्ञा विहस्योक्तं ।
How (is) here ascertainment? By me said: In war only. By the king smiling said:

स्वस्वामिनं गत्वा सज्जीकुरु । तदा मयोक्तं । स्वदूतो ऽपि
Thy-master going make ready! Then by me said: Thy-ambassador also

प्रस्थाप्यतां । राजोवाच । कः प्रयास्यति दौत्येन यत एवंभूतो
let be despatched! The king said: Who shall go on embassy? for such a one

दूतः कार्यः ।
ambassador to be made:

भक्तो गुणी शुचिर्दक्षः प्रगल्भो ऽव्यसनी क्षमी ।
One attached, virtuous, pure, clever, bold, aimless, patient,

ब्राह्मणः परमर्मज्ञो दूतः स्यात्प्रतिभानवान् ॥१९॥
a Brâhman, of others-the thoughts-knowing, ambassador should be, one with audacity endowed. (19)

गृध्रो वदति । संत्येव दूता बहवः किंतु ब्राह्मण एव कर्तव्यः ।
The vulture says: There are surely ambassadors many, but a Brâhman only to be made,

यतः । प्रसादं कुरुते पत्युः संपत्तिं नाभिवांछति ।
For, The pleasure he does of the master, prosperity not he desires;

कालिमा कालकूटस्य नापैतीश्वरसंगमात् ॥२०॥
the darkness of the Kálakúṭa poison not departs through Śiva's-contact*. (20)

राजाह। ततः शुक एव व्रजतु। शुक त्वमेवानेन सह गत्वा-
The king says: Then the parrot verily may go. Parrot, thou verily him with going

स्मदभिलषितं ब्रूहि। शुको ब्रूते। यथाज्ञापयति देवः। किंत्वयं
our-desire declare! The parrot says: As commands Your Majesty. However this

दुर्जनो बकस्तदनेन सह न गच्छामि।
a vile fellow, the crane, therefore him with not do I go.

तथा चोक्तं। खलः करोति दुर्वृत्तं नूनं फलति साधुषु।
Thus and said: A villain commits an evil-action; surely it bears fruit unto the good.

दशाननो हरेत्सीतां बंधनं स्यान्महोदधेः ॥२१॥
The ten-faced (Rávaṇa) carries off Sítá, binding will be of the ocean†. (21)

अपरं च। न स्थातव्यं न गंतव्यं दुर्जनेन समं क्वचित्।
Another and, Not to be stood, not to be gone the wicked with anywhere;

काकसंगाद्धतो हंसस्तिष्ठन्गच्छंश्च वर्तकः ॥२२॥
through with a crow-association slain the goose standing, going likewise the quail. (22)

राजोवाच। कथमेतत्। शुकः कथयति। अस्त्युज्जयिनीवर्त्मप्रांतरे
The king said: How that? The parrot relates: There is on the Ujjayiní-road-side

प्लक्षतरुः। तत्र हंसकाकौ निवसतः। कदाचिद्ग्रीष्मसमये परि-
a fig-tree. There a goose-and a crow live. Once in summer-time fa-

श्रांतः कश्चित्पथिकस्तत्र तरुतले धनुःकांडं संनिधाय
tigued some wanderer there at the tree's-foot bow-and arrow having laid down

सुप्तः। तत्र क्षणांतरे तन्मुखाद्वृक्षच्छायापगता। ततः
fell asleep. There in another-moment from his-face the tree-shade departed. Then

सूर्यतेजसा तन्मुखं व्याप्तमवलोक्य तद्वृक्षस्थितेन हंसेन
by the sun's-glare his-face reached seeing by the on that-tree-standing goose

---

* As the verse stands, the second hemistich can only mean that as the dark poison remained dark even when swallowed by Śiva, so a Bráhman retains his character even in society with kings. There is a play of words in íśvara, which means both Śiva and sovereign.

† Binding of the ocean means the building of a bridge across the ocean. It refers to the bridge from the peninsula to Ceylon which had to be built in order to rescue Sítá, whom Rávaṇa had carried off.

कृपया पक्षौ प्रसार्य पुनस्तन्मुखे छाया कृता। ततो
through pity both wings having spread forth again on his-face shade made. Then

निर्भरनिद्रासुखिना तेन मुखव्यादानं कृतं। अथ परसुखम्-
by the sound-sleep-enjoying by him mouth-opening (was) made. Now another's-happiness

सहिष्णुः स्वभावदौर्जन्येन स काकस्तस्य मुखे
not-bearing through his-nature's-wickedness that crow of him into the mouth

पुरीषोत्सर्गं कृत्वा पलायितः। ततो यावदसौ पांथ उत्थायोर्ध्वं
excrement-discharge having made fled away. Then while that wanderer rising upwards

निरीक्षते तावत्तेनावलोकितो हंसः कांडेन हतो व्यापादितः।
looks, then by him espied the goose with an arrow struck (was) killed.

वर्तककथामपि कथयामि। एकदा भगवतो गरुडस्य यात्राप्रसंगेन
The quail's-story also I tell: Once of the venerable Garuda on a procession-occasion

सर्वे पक्षिणः समुद्रतीरं गताः। ततः काकेन सह वर्तकश्चलितः।
all birds to the sea-shore gone. Then with a crow together a quail set out.

अथ गोपालस्य गच्छतो दधिभांडाद्वारं वारं तेन काकेन दधि
Now of a cowherd going from a curd-vessel again again by that crow curds

खाद्यते। ततो यावदसौ दधिभांडं भूमौ निधायोर्ध्वमवलोकते
are eaten. Then while he the curd-vessel on the ground putting down upwards looks,

तावत्तेन काकवर्तकौ दृष्टौ। ततस्तेन खेदितः काकः पलायितो
then by him the crow-and quail seen. Then by that alarmed the crow fled away,

वर्तकः स्वभावनिरपराधो मंदगतिस्तेन प्राप्तो व्यापादितः। अतो
the quail by her-nature-guiltless, of slow-motion by him caught (was) killed. Therefore

ऽहं ब्रवीमि। न स्थातव्यं न गंतव्यमित्यादि। ततो मयोक्तं।
I say: Not to be stood not to be gone &c. Then by me said:

भ्रातः शुक किमेवं ब्रवीषि। मां प्रति यथा श्रीमद्देवस्तथा
Brother parrot, why thus dost thou speak? To me in regard as His Majesty, thus

भवानपि। शुकेनोक्तं। अस्त्वेवं किंतु
you also. By the parrot said: Be it thus, however

दुर्जनैरुच्यमानानि संमतानि प्रियाण्यपि।
By the wicked being spoken approved kind (words) even

अकालकुसुमानीव भयं संजनयंति हि ॥२३॥
unseasonable-flowers like fear excite verily. (23)

दुर्जनत्वं च भवतो वाक्यादेव ज्ञातं यदनयो-
Wickedness and of you from the speech already recognized, for of these two

र्भूपालयोर्विग्रहे भवद्वचनमेव निदानं।
earth-protectors for the war your-word only (is) the cause.

पश्य। प्रत्यक्षे ऽपि कृते दोषे मूर्खः सांत्वेन तुष्यति।
Behold, Before the eyes even being committed an offence, the fool by coaxing is soothed.

रथकारो निजां भार्यां सजारां शिरसाकरोत् ॥२४॥
The wheelwright his own wife with-(her) lover upon (his) head placed. (24)

राज्ञोक्तं। कथमेतत्। शुकः कथयति। अस्ति यौवनश्रीनगरे
By the king said: How that? The parrot relates: There is in the Yauvanaśrī-town

मंदमतिर्नाम रथकारः। स च स्वभार्यां बंधकीं जानाति जारेण
Mandamati by name a wheelwright. He and his-wife unchaste knows, with the lover

समं स्वचक्षुषा नैकस्थाने पश्यति। ततो ऽसौ रथकारो ऽहमन्यं
together with his own-eye not in one-place sees. Then that wheelwright 'I to another

ग्रामं गच्छामीत्युक्त्वा चलितः कियद्दूरं गत्वा पुनरागत्य
village go' thus saying departed, some-distance having gone again returning

पर्यंकतले स्वगृहे निभृतं स्थितः। अथ रथकारो ग्रामांतरं
under a bed in his-house secretly stood. Now, 'the wheelwright to another-village

गत इत्युपजातविश्वासः स जारः संध्याकाल एवागतः।
gone' thus with created-confidence that lover at twilight-time verily arrived.

पश्चात्तेन समं तस्मिन्पर्यंके क्रीडंती पर्यंकतलस्थितस्य भर्तुः
Afterwards him with on that bed playing of the under the bed-standing husband

किंचिदंगस्पर्शात्स्वामिनं मायाविनमिति विज्ञाय
a little through body-touching 'the husband deceitful' thus having found out

विषण्णाभवत्। ततो जारेणोक्तं। किमिति त्वमद्य मया
disconcerted she became. Then by the lover said: Why thus thou to-day me

सह निर्भरं न रमसे। विस्मितेव प्रतिभासि मे त्वं।
with heartily not amusest thyself? Alarmed as it were appearest to me thou.

तयोक्तं । अनभिज्ञो ऽसि । मम प्राणेश्वरो येन ममाकौमारं
By her said: Ignorant art thou. Of me the life-lord, with whom of me from-childhood

सख्यं सो ऽद्य ग्रामांतरं गतः । तेन विना सकलजनपूर्णे
friendship, he to-day to another-village gone. Him without in a with all-people-filled

ऽपि ग्रामे मां प्रत्यरण्यवद्भाति । किं भावि तत्र
even village to me with regard as in a wood it seems. 'What will happen there

परस्थाने किं खादितवान्कथं वा प्रसुप्त इत्यस्मद्धृदयं विदीर्यते ।
in a strange-place, what has he eaten, how or sleeping' thus our-heart is torn asunder.

जारो ब्रूते । तव किमेवं स्नेहभूमी रथकारः । बंधक्य-
The lover says: Of thee why thus an affection-object the wheelwright? The unchaste woman

वदत् । रे बर्बर किं वदसि । शृणु ।
said: Ah idiot, what dost thou say? Listen:

परुषाण्यपि या प्रोक्ता दृष्टा या क्रोधचक्षुषा ।
With harsh words even who addressed, viewed who with anger-eye

सुप्रसन्नमुखी भर्तुः सा नारी धर्मभागिनी ॥२५॥
of very-placid-countenance towards the husband, that woman (is) of virtue-possessed. (25)

अपरं च । नगरस्थो वनस्थो वा पापो वा यदिवा शुचिः ।
Another and, In a town-staying in a wood-staying or, wicked either or pious,

यासां स्त्रीणां प्रियो भर्ता तासां लोका महोदयाः ॥२६॥
of what women dear the husband, of those the worlds of great-bliss. (26)

अन्यच्च । भर्ता हि परमं नार्या भूषणं भूषणैर्विना ।
Another and, The husband surely the greatest of a woman ornament ornaments without;

एषा विरहिता तेन शोभनापि न शोभना ॥२७॥
she deprived of him beautiful even (is) not beautiful. (27)

त्वं जारः पापमतिर्मनोलौल्यात्पुष्पतांबूलसदृशः कदाचित्
Thou a lover of wicked-mind from mind-fickleness flower-and betel-like sometimes

सेव्यसे कदाचिन्न सेव्यसे च । स च स्वामी मां विक्रेतुं देवेभ्यो
art loved, sometimes not art loved and. That and master me to sell, to the gods

ब्राह्मणेभ्यो ऽपि दातुमीश्वरः । किं बहुना । तस्मिञ्जीवति
to the Brâhmans also to give (is) free. What with much? 'In him living

जीवामि तन्मरणे चानुमरणं करिष्यामीति प्रतिज्ञा वर्तते ।
I live, at his-death and after (him)-dying I will make' thus the resolution stands.

यतः । तिस्रः कोट्यो ऽर्धकोटी च यानि लोमानि मानवे ।
For, Three crores half-a crore and, which hairs on a man,

तावत्कालं वसेत्स्वर्गे भर्तारं यानुगच्छति ॥ २८ ॥
so much-time shall dwell in heaven, the husband who follows. (28)

अन्यच्च । व्यालग्राही यथा व्यालं बलादुद्धरते बिलात् ।
Another and, A snake-catcher as a snake by force extracts from a hole,

तद्वद्भर्तारमादाय स्वर्गलोके महीयते ॥ २९ ॥
thus, the husband having taken, in the heavenly-world she is honoured. (29)

अपरं च । चितौ परिष्वज्य विचेतनं पतिं
Another and, On the pile having embraced the lifeless husband

प्रिया हि या मुंचति देहमात्मनः ।
the loving one truly who forsakes the body of herself,

कृत्वापि पापं शतसंख्यमप्यसौ
having done also sin hundred-fold even she

पतिं गृहीत्वा सुरलोकमाप्नुयात् ॥ ३० ॥
the husband having taken the celestial-world shall obtain. (30)

एतत्सर्वं श्रुत्वा स रथकारो ऽवदत् । धन्यो ऽहं यस्येदृशी
This all having heard that wheelwright said: 'Happy (am) I, of whom such

प्रियवादिनी स्वामिवत्सला भार्येति मनसि निधाय तां खट्वां
a kindly-speaking husband-loving wife,' thus in mind keeping, that bedstead

स्त्रीपुरुषसहितां मूर्ध्नि कृत्वा सानंदं ननर्त ।
with the wife-and man-together on (his) head having placed with-joy he danced.

अतो ऽहं ब्रवीमि । प्रत्यक्षे ऽपि कृते दोष इत्यादि । ततो
Therefore I say: Before-the eyes even being committed an offence, &c. Then

ऽहं तेन राज्ञा यथाव्यवहारं संपूज्य प्रस्थापितः । शुको
I by that king, according to-custom having honoured (me) despatched. The parrot

ऽपि मम पश्चादागच्छन्नास्ते । एतत्सर्वं परिज्ञाय यथा कर्तव्यम्-
also me after approaching continues. This all having learned, as to be acted

न्तुसंधीयतां। चक्रवाको विहस्याह। देव बकेन तावद्दे-
let it be arranged! The Chakravâka smiling says: Sire, by the crane then

शांतरमपि गत्वा यथाशक्ति राजकार्यमनुष्ठितं।
to another-country also having gone according to-power the king's-business accomplished.

किंतु देव स्वभाव एष मूर्खाणां।
However, Sire, the own-nature this of fools.

यतः। शतं दद्यान्न विवदेदिति विज्ञस्य संमतं।
For, 'A hundred should be give, not should be quarrel' thus of the wise the opinion;

विना हेतुमपि द्वंद्वमेतन्मूर्खस्य लक्षणं ॥३१॥
'without a cause also contention,' this of a fool the mark. (31)

राजाह। किमतीतोपालंभनेन। प्रस्तुतमनुसंधीयतां।
The king says: What with the past's-reproach? The matter in hand be arranged!

चक्रवाको ब्रूते। देव विजने ब्रवीमि।
The Chakravâka says: Sire, in private I speak.

यतः। वर्णाकारप्रतिध्वानैर्नेत्रवक्त्रविकारतः।
For, By the colour-appearance-echoes, from eye-and mouth-change

अप्यूहंति मनो धीरास्तस्माद्रहसि मंत्रयेत् ॥३२॥
also guess the mind the wise, therefore in secret he should consult. (32)

राजा मंत्री च तत्र स्थितौ। अन्ये ऽन्यत्र गताः। चक्रवाको
The king the minister and there remained. The others somewhere else gone. The Chak.

ब्रूते। देव अहमेवं जानामि। कस्याप्यस्मन्नियोगिनः प्रेरणया
says: Sire, I thus think: Of some of our-officer at the instigation

बकेनेदमनुष्ठितं।
by the crane this accomplished.

यतः। वैद्यानामातुरः श्रेयान्व्यसनी यो नियोगिनां।
For, For physicians a sick man (is) better; distressed who, for officers;

विदुषां जीवनं मूर्खः सद्वर्णो जीवनं सतां ॥३३॥
of the learned a livelihood (is) a fool; one of good-caste a livelihood of the good. (33)

राजाब्रवीत्। भवतु। कारणमत्र पश्चान्निरूपणीयं संप्रति
The king said: Let it be! The cause here afterwards to be investigated, at present

यत्कर्तव्यं तन्निरूप्यतां। चक्रवाको ब्रूते। देव प्रणिधिस्तावत्प्रहीयतां।
what to be done, that let be determined! The Chak. says: Sire, a spy first let be despatched!

ततस्तदनुष्ठानं बलाबलं च जानीमः। तथा हि।
Thence his-undertaking, strength-weakness and we learn. Thus namely,

भवेत्स्वपरराष्ट्राणां कार्याकार्यावलोकने।
There should be of his own-and another's-dominions of (what is) necessary-and unnecessary-in the examining

चारचक्षुर्महीभर्तुर्यस्य नास्त्यंध एव सः ॥३४॥
a spy's-eye of an earth-lord; of whom not it is, blind indeed he. (34)

स च द्वितीयं विश्वासपात्रं गृहीत्वा यातु। तेनासौ स्वयं
He and a second confidence-person having taken may go! Thus he, himself

तत्रावस्थाय द्वितीयं तत्रत्यमंत्रकार्यं सुनिभृतं
there staying, the second, of the inhabitants-the counsel-object very-privately

निश्चित्य निगद्य प्रस्थापयति। तथा चोक्तं।
having ascertained, having communicated, sends back. Thus and said:

तीर्थाश्रमसुरस्थाने शास्त्रविज्ञानहेतुना।
At holy bathing places-hermitages-temples of law-study-under the pretence

तपस्विव्यंजनोपेतैः स्वचरैः सह संवदेत् ॥३५॥
with ascetics'-marks-furnished his-spies with he should communicate. (35)

गूढचारश्च यो जले स्थले चरति ततोऽसावेव बको
A secret-spy and (is he) who in water on land goes, therefore this very crane

नियुज्यतां। एतादृश एव कश्चिद्बको द्वितीयत्वेन प्रयातु
let be appointed! Like-him exactly some crane as second may go,

तद्गृहलोकाश्च राजद्वारे तिष्ठंतु। किंतु देव एतदपि
his-house-people and at the king's-door may stand! However, Sire, this also

सुगुप्तमनुष्ठातव्यं।
very-secretly to be accomplished.

यतः। षट्कर्णो भिद्यते मंत्रस्तथा प्राप्तश्च वार्त्तया।
For, 'By six-ears (heard) is split counsel, thus reached and by report'

इत्यात्मनाद्वितीयेन मंत्रः कार्यो महीभृता ॥३६॥
thus himself-the second counsel to be made by a king. (36)

पश्य। मंत्रभेदे ऽपि ये दोषा भवंति पृथिवीपते।
Behold, 'In counsel-breach also which injuries are, O earth-lord,

न शक्यास्ते समाधातुमिति नीतिविदां मतं ॥३७॥
not (are) possible they to repair,' thus of policy-knowers the opinion. (37)

राजा विमृश्योवाच। प्राप्तस्तावन्मयोत्तमः प्रणिधिः। मंत्री ब्रूते।
The king reflecting said: Found then by me an excellent spy. The minister says:

तदा संग्रामविजयो ऽपि प्राप्तः। अथांतरे प्रतीहारः प्रविश्य
Then war-victory also gained. There meanwhile a warder, having entered,

प्रणम्योवाच। देव जंबुद्वीपादागतो द्वारि शुकस्तिष्ठति।
having bowed, said: Sire, from Jambudvipa arrived at the door the parrot stands.

राजा चक्रवाकमालोकते। चक्रवाकेणोक्तं। तावद्गत्वा-
The king at the Chakravâka looks. By the Chakravâka said: So much having gone

वासे तिष्ठतु पश्चादानीय द्रष्टव्यः।
in a dwelling may he stand, afterwards having led (him) near (he is) to be seen.

प्रतीहारस्तमावासस्थानं नीत्वा गतः। राजाह। विग्रहस्तावत्
The warder him to a dwelling-place leading retired. The king says: War then

समुपस्थितः। चक्रो ब्रूते। देव प्रागेव विग्रहो न विधिः।
approached. The Chakravâka says: Sire, at once verily war (is) not the rule.

यतः। स किं भृत्यः स किं मंत्री य आदावेव भूपतिं।
For, He (what!) an attendant, he (what!) a minister, who at the beginning verily (to) the king

युद्धोद्योगं स्वभूत्यागं निर्दिशत्यविचारितं ॥३८॥
war-preparation one's own-country's-abandonment recommends without-consideration! (38)

अपरं च। विजेतुं प्रयतेतारीन्न युद्धेन कदाचन।
Another and, To conquer he should strive the enemies not by war at any time,

अनित्यो विजयो यस्माद्दृश्यते युध्यमानयोः ॥३९॥
uncertain victory because is seen of two combatants. (39)

अन्यच्च। साम्ना दानेन भेदेन समस्तैरथवा पृथक्।
Another and, By conciliation, by a giving, by separation combined or separately

साधितुं प्रयतेतारीन्न युद्धेन कदाचन ॥४०॥
to settle he should strive enemies, not by war at any time. (40)

अपरं च । सर्वं एव जनः शूरो ह्यनासादितविग्रहः ।
Another and, Every verily man (is) a hero surely (who has) not-approached-battle;

अदृष्टपरसामर्थ्यः सदर्पः को भवेन्न हि ॥ ४१ ॥
not-having seen-the enemy's-strength full of-pride who would be not forsooth? (41)

किंच । न तथोत्थाप्यते ग्रावा प्राणिभिर्दारुणा यथा ।
Moreover, Not thus is uplifted a stone by living beings with a lever as;

अल्पोपायान्महासिद्धिरेतन्मंत्रफलं महत् ॥ ४२ ॥
through small-means great-success, this (is) the counsel-fruit great. (42)

किंतु विग्रहमुपस्थितं विलोक्य व्यवह्रियतां ।
Moreover, War approached having seen let be fought!

यतः । यथाकालकृतोद्योगात्कृषिः फलवती भवेत् ।
For, Through according to-season-made-effort the ploughing fruitful will be;

तद्वन्नीतिरियं देव चिरात्फलति रक्षणात् ॥ ४३ ॥
likewise policy this, Sire, through long is fruitful preservation. (43)

अपरं च । महतो दूरभीरुत्वमासन्ने शूरता गुणः ।
Another and, Of the great at a distance-apprehension, in proximity heroism (is) a quality;

विपत्तौ च महाँल्लोके धीरतामनुगच्छति ॥ ४४ ॥
in adversity and a great man in the world firmness evinces. (44)

अन्यच्च । प्रत्यूहः सर्वसिद्धीनामुत्तापः प्रथमः किल ।
Another and, An obstacle of all-successes (is) ardour first surely;

अतिशीतलमप्यंभः किं भिनत्ति न भूभृतः ॥ ४५ ॥
Exceedingly-cold even water (what) does it break not mountains. (45)

विशेषतश्च महाबलो ऽसौ चित्रवर्णो राजा ।
Especially and of great-strength this Chitravarṇa king.

यतः । बलिना सह योद्धव्यमिति नास्ति निदर्शनं ।
For, 'A strong one with to be battled' thus not is an ordinance,

तद्युद्धं हस्तिना सार्धं नराणां मृत्युमावहेत् ॥ ४६ ॥
that battle an elephant with of men death may bring. (46)

अन्यच्च । स मूर्खः कालमप्राप्य यो ऽपकर्तरि वर्तते ।
Another and, He (is) a fool, (proper) time not-having found who upon an opponent turns;

कलिर्बलवता सार्धं कीटपक्षोद्गमो यथा ॥४७॥
fighting a strong one with (is) insect-wings-fluttering as. (47)

किंच । कौर्मं संकोचमास्थाय प्रहारमपि मर्षयेत् ।
Moreover, To tortoise-like contraction having resorted a blow even he should suffer,

प्राप्तकाले तु नीतिज्ञ उत्तिष्ठेत्क्रूरसर्पवत् ॥४८॥
at the arrived-opportunity however the policy-knowing should stand up an enraged-serpent-like. (48)

महत्यल्पे ऽप्युपायज्ञः सममेव भवेत्क्षमः ।
Against a great, against a small one also one in expedients-skilled equally indeed will be strong,

समुन्मूलयितुं वृक्षांस्तृणानीव नदीरयः ॥४९॥
to uproot trees grass as a river's-current (is prepared). (49)

अतस्तद्दूतो ऽप्याश्वास्य तावद्ध्रियतां
Therefore his-messenger also, having made (him) comfortable, so long may be detained

यावद्दुर्गं सज्जीक्रियते ।
until a fortress is made ready.

यतः । एकः शतं योधयति प्राकारस्थो धनुर्धरः ।
For, One a hundred fights on a wall-standing bow-holder,

शतं शतसहस्राणि तस्माद्दुर्गं विशिष्यते ॥५०॥
hundred hundred-thousands, therefore a fortress is preferred. (50)

किंच । अदुर्गो विषयः कस्य नारेः परिभवास्पदं ।
Moreover, Without-a fortress a district of what not enemy for defeat-an object!

अदुर्गो ऽनाश्रयो राजा पोतच्युतमनुष्यवत् ॥५१॥
without-fortress without-support a king (is) from a boat-fallen-man-like. (51)

दुर्गं कुर्यान्महाखातमुच्चप्राकारसंयुतं ।
A fortress he should make with a large-ditch, with high-walls-supplied,

सयन्त्रं सजलं शैलसरिन्मरुवनाश्रयं ॥५२॥
with-engines, with-water, by rock-river-desert-wood-supported. (52)

विस्तीर्णतातिवैषम्यं रसधान्येध्मसंग्रहः ।
Extensiveness, exceeding-steepness, of liquor-grain-fuel-a store

प्रवेशश्चापसारश्च सप्तैता दुर्गसंपदः ॥५३॥
an entrance and, egress and, seven these fortress-excellences. (53)

राजाह । दुर्गानुसंधाने को नियुज्यतां । चक्रो ब्रूते ।
The king says: In a fort's-construction who shall be employed? The Chakravâka says:

यो यत्र कुशलः कार्ये तं तत्र विनियोजयेत् ।
Who where clever in a work, him there he should employ;

कर्मस्वदृष्टकर्मा यः शास्त्रज्ञोऽपि विमुह्यति ॥५४॥
In works, not-(having) seen-work who, science-knowing even is perplexed. (54)

तदाहूयतां सारसः । तथानुष्ठिते सत्यागतं सारस-
Therefore let be called the Sârasa! Thus accomplished being, approached the Sârasa

मालोक्य राजोवाच । भो सारस त्वं सत्वरं दुर्गमनुसंधेहि ।
having seen, the king said: O Sârasa, thou with-haste a fortress prepare!

सारसः प्रणम्योवाच । देव दुर्गं तावदिदमेव चिरात्सुनिरूपित-
The Sârasa having bowed said: Sire, a fortress already this verily since long well-selected

मास्ते महत्सरः । किंत्वत्र मध्यवर्तिद्वीपे द्रव्यसंग्रहः कार्यतां ।
stands, a great pond. However here on the in the middle-situated-island a provision-store let be made.

यतः । धान्यानां संग्रहो राजन्नुत्तमः सर्वसंग्रहात् ।
For, Of grain a store, O king, (is) better than any (other)-store,

निक्षिप्तं हि मुखे रत्नं न कुर्यात्प्राणधारणं ॥५५॥
cast for into the mouth a jewel not will make life-support. (55)

किंच । ख्यातः सर्वरसानां हि लवणो रस उत्तमः ।
Moreover, Called (is) of all-flavours truly salt the flavour best,

गृहीतं च विना तेन व्यंजनं गोमयायते ॥५६॥
received and without it a condiment is like cowdung. (56)

राजाह । सत्वरं गत्वा सर्वमनुतिष्ठ । पुनः प्रविश्य
The king says: With-haste going every thing accomplish! Again having entered

प्रतीहारो ब्रूते । देव सिंहलद्वीपादागतो मेघवर्णो नाम वायसः
the warder says: Sire, from Siṁhala-dvîpa arrived Meghavarṇa by name a crow

सपरिवारो द्वारि तिष्ठति । देवपादं द्रष्टुमिच्छति । राजाह ।
with-retinue at the door stands. Your Majesty's-foot to see he desires. The king says:

काकाः पुनः सर्वज्ञा बहुदृष्टारश्च । तद्भवति संग्राह्य
Crows surely (are) every thing-knowing much-seeing and. 'Therefore he is to be received'

इत्यनुवर्तते। चक्रो ब्रूते। देव अस्त्येवं किंतु काकः स्थलचरस्
thus follows. The Chakravâka says: Sire, it is thus, however the crow (is) a land-goer,

तेनास्मद्विपक्षे नियुक्तः कथं संग्राह्यः। तथा चोक्तं।
therefore on the to us-opposed side engaged; how to be received? Thus and said:

आत्मपक्षं परित्यज्य परपक्षेषु यो रतः।
His own-side forsaking in the enemy's-side who delights,

स परैर्हन्यते मूढो नीलवर्णशृगालवत् ॥५७॥
he by the enemies is slain, the fool, the blue-coloured-jackal-like. (57)

राजोवाच। कथमेतत्। मंत्री कथयति। अस्त्यरण्ये कश्चिच्छृगालः
The king said: How that? The minister relates: There is in a wood some jackal

स्वेच्छया नगरोपांते भ्राम्यन्नीलीभांडे पतितः
according to his-desire in a town's-neighbourhood roaming in an indigo-vat fallen,

पश्चात्तत उत्थातुमसमर्थः प्रातरात्मानं मृतवत्संदर्श्य
afterwards thence to get out unable in the morning himself death-like showing

स्थितः। अथ नीलीभांडस्वामिना मृत इति ज्ञात्वा तस्मात्
remained. Then by the indigo-vat's-owner, 'dead' thus thinking from it

समुत्थाप्य दूरे नीत्वापसारितस्तस्मात्पलायितः। ततो
having lifted (him) up afar having carried (him) thrown away thence escaped. Then

ऽसौ वनं गत्वा स्वकीयमात्मानं नीलवर्णमवलोक्याचिंतयत्।
he to a wood having gone his self blue-coloured seeing thought:

अहमिदानीमुत्तमवर्णस्तदाहं स्वकीयोत्कर्षं किं न साधयामि। इत्या-
I now of the finest-colour*, then I my-exaltation why not accomplish? Thus

लोच्य शृगालानाहूय तेनोक्तं। अहं भगवत्या वनदेवतया
having reflected the jackals having called by him said: I by the holy forest-goddess

स्वहस्तेनारण्यराज्ये सर्वौषधिरसेनाभिषिक्तः। तदद्या-
with her own-hand in the wood-sovereignty with all-herbs'-essence anointed. Then to-day

रभ्यारण्ये ऽस्मदाज्ञया व्यवहारः कार्यः। शृगालाश्च
beginning in the wood according to my-order administration to be made. The jackals and

तं विशिष्टवर्णमवलोक्य साष्टांगपातं प्रणम्योचुः।
him of distinguished-colour seeing with the eight-limbs'-prostration having bowed said:

---

* This means at the same time, 'of the highest caste.'

यथाज्ञापयसे देव इति। अनेनैव क्रमेण सर्वेष्वरण्यवासिष्वा-
'As thou commandest, Sire' thus. In this very way over all wood-inhabitants

धिपत्यं तस्य बभूव। ततस्तेन स्वज्ञातिभिरावृतेनाधिक्यं
the sovereignty of him was. Then by him by his-relations surrounded supremacy

साधितं। ततस्तेन व्याघ्रसिंहादीनुत्तमपरिजनान्
(was) accomplished. Afterwards by him, tigers-lions-&c. as highest-attendants

प्राप्य सदसि शृगालानवलोक्य लज्जमानेनावज्ञया
having received in the assembly upon the jackals looking down, being ashamed, through contempt

स्वज्ञातयः सर्वे दूरीकृताः। ततो विषण्णाञ्शृगालानवलोक्य
his-relations all (were) removed. Then dejected the jackals seeing

केनचिद्वृद्धशृगालेनैतत्प्रतिज्ञातं। मा विषीदत यदनेनानभिज्ञेन
by some old-jackal this (was) promised: Not do despair, because by him ignorant

नीतिविदो मर्मज्ञा वयं स्वसमीपात्परिभूताः। तद्यथायं
policy-knowing with secrets-acquainted we from his-proximity removed. Then that he

नश्यति तथा विधेयं। यतोऽमी व्याघ्रादयो वर्णमात्रविप्रलब्धाः
perishes, thus to be managed. For those tigers-&c. by the colour-merely-deceived

शृगालमज्ञात्वा राजानमिमं मन्यंते। तद्यथायं परिचितो भवति
the jackal not-recognising king him think. Then that he detected is,

तथा कुरुत। तत्र चैवमनुष्ठेयं। यतः सर्वे संध्यासमये
thus act! There and thus to be executed: When (you) all at twilight-time

संनिधाने महारावमेकदैव करिष्यथ ततस्तं शब्दमाकर्ण्य
in (his) proximity a great-howl at once together will make, then that noise having heard

जातिस्वभावात्तेनापि शब्दः कर्तव्यः। ततस्तथानुष्ठिते
through his race-nature by him also noise to be made. Then thus accomplished

सति तद्वृत्तं।
being that happened.

यतः। यः स्वभावो हि यस्यास्ति स नित्यं दुरतिक्रमः।
For, What natural disposition namely of whom is, that always hard-to be overcome,

श्वा यदि क्रियते राजा तत्किं नाश्नात्युपानहं ॥५८॥
a dog if is made king, then (what!) not does he gnaw the shoe? (58)

ततः शब्दादभिज्ञाय स व्याघ्रेण हतः । तथा चोक्तं ।
Then from the noise having recognised (him) he by a tiger killed. Thus and said,

छिद्रं मर्म च वीर्यं च सर्वं वेत्ति निजो रिपुः ।
A defect, the heart and, the power and, all knows one's own enemy.

दहत्यंतर्गतश्चैव शुष्कं वृक्षमिवानलः ॥५९॥
he burns having entered and verily a dry tree as fire. (59)

अतो ऽहं ब्रवीमि । आत्मपक्षं परित्यज्येत्यादि ।
Therefore I say: His own-side forsaking &c.

राजाह । यद्येवं तथापि दृश्यतां तावदयं दूरादागतः ।
The king says: If (it is) so, thus even let be seen at least this one from afar approached!

तत्संग्रहे विचारः कार्यः । चक्रो ब्रूते । देव प्रणिधिः
Then about the reception deliberation to be made. The Chak. says: Sire, a spy (is)

प्रहितो दुर्गंच सज्जीकृतः । अतः शुको ऽप्यानीय
despatched, the fortress and prepared. Therefore the parrot also having led (him) near

प्रस्थाप्यतां । यतः ।
may be sent away! For,

नंदं जघान चाणक्यस्तीक्ष्णदूतप्रयोगतः ।
Nanda slew Chāṇakya by a sharp-ambassador-employing,

तद्दूरांतरितं दूतं पश्येद्वीरसमन्वितः ॥६०॥
therefore widely-separated an ambassador he should see by heroes-surrounded. (60)

ततः सभां कृत्वाहूतः शुकः काकश्च । शुकः
Then an assembly having made, (was) called the parrot, the crow and. The parrot

किंचिदुन्नतशिरा दत्तासन उपविश्य ब्रूते । भो हिरण्यगर्भ
with a little-raised-head on a presented-seat having sat down says: O Hiraṇyagarbha,

महाराजाधिराजः श्रीमच्चित्रवर्णस्त्वां समाज्ञापयति । यदि जीवितेन
of great-kings-the sovereign the blessed-Chitravarṇa thee commands: If of life

श्रिया वा प्रयोजनमस्ति तदा सत्वरमागत्यास्मच्चरणौ प्रणम
of fortune or use is, then with-haste having approached before-our feet bow,

न चेदवस्थातुं स्थानांतरं चिंतय । राजा सकोपमाह । आः को
not if, for to reside of another place think! The king with-anger says: Ha, some

ऽस्माकं पुरतो नास्ति य एनं गलहस्तयति। उत्थाय मेघवर्णो
of us in front not is, who that one by the neck seizes! Up-rising Meghavarṇa

ब्रूते। देवाज्ञापय हन्मि दुष्टं शुकं। सर्वज्ञो राजानं काकं च
says: Sire, command! I kill the wretched parrot. Sarvajña the king the crow and

शांत्वयन्ब्रूते। शृणु तावत्।
pacifying says: Listen first,

न सा सभा यत्र न संति वृद्धा वृद्धा न ते ये न वदंति धर्मं।
Not (is) that a council, where not are elders, elders (are) not those who not declare the law,

धर्मः स नो यत्र न सत्यमस्ति सत्यं न तद्यच्छलमभ्युपैति ॥६१॥
the law that not surely (is) where not truth is, truth (is) not that, which to deceit approaches. (61)

यतो धर्मश्चैषः। दूतो म्लेच्छोऽप्यवध्यः स्याद्राजा दूतमुखो यतः।
For law and this, An ambassador, (being) a barbarian even, inviolable should be, the king the ambassador-as mouth having because;

उद्यतेष्वपि शस्त्रेषु दूतो वदति नान्यथा ॥६२॥
being upfited even the weapons an ambassador speaks not otherwise. (62)

किंच। स्वापकर्षं परोत्कर्षं दूतोक्तैर्मन्यते तु कः।
Moreover, His own-inferiority the enemy's-superiority on an ambassador's-words believes truly who?

सदैवावध्यभावेन दूतः सर्वं हि जल्पति ॥६३॥
Always verily because of (his) inviolable-character an ambassador everything surely talks. (63)

ततो राजा काकश्च स्वां प्रकृतिमापन्नौ शुकोऽप्युत्थाय
Then the king the crow and their natural state recovered, the parrot also rising

चलितः। पश्चाच्चक्रवाकेणानीय प्रबोध्य
started. Afterwards by the Chakravâka having led near, having instructed (him),

कनकालंकारादिकं दत्वा संप्रेषितो ययौ। शुकोऽपि विंध्या-
gold-ornaments-&c. having given, despatched he departed. The parrot also the Vindhya-

चलराजानं प्रणतवान्। राजोवाच। शुक का वार्ता कीदृशोऽसौ
mountain's-king saluted. The king said: Parrot, what news? what like (is) that

देशः। शुको ब्रूते। देव संक्षेपादियं वार्ता। संप्रति युद्धोद्योगः
country? The parrot says: Sire, in brief this news: Now war-commencement

क्रियतां देशश्चासौ कर्पूरद्वीपः स्वर्गैकदेशो राजा च
let be made! country and that Karpûradvîpa of paradise-a part, the king and

द्वितीयः स्वर्गपतिः कथं वर्णयितुं शक्यते। ततः सर्वाञ्छिष्टानाहूय
a second paradise-lord how be described can? Then all chiefs having called

राजा मंत्रयितुमुपविष्ट आह च। संप्रति कर्तव्यविग्रहे यथा कर्तव्यमु-
the king to deliberate seated says and: Now in the coming-war how to be acted,

पदेशं ब्रूत। विग्रहः पुनरवश्यं कर्तव्यः।
advice speak! War however necessarily to be made.

तथा चोक्तं। असंतुष्टा द्विजा नष्टाः संतुष्टा इव पार्थिवाः।
Thus and said: Discontented twice-borns (are) lost, contented as kings;

सलज्जा गणिका नष्टा निर्लज्जाश्च कुलस्त्रियः ॥६४॥
with-modesty a mistress (is) lost, immodest and noble-women. (64)

दूरदर्शी नाम गृध्रो ब्रूते। देव व्यसनितया विग्रहो न विधिः।
Dūradarśin by name the vulture says: Sire, by dissoluteness war (is) not the rule.

यतः। मित्रामात्यसुहृद्वर्गा यदा स्युर्दृढभक्तयः।
For, Of allies-ministers-friends-the assemblages when shall be of firm-attachment,

शत्रूणां विपरीताश्च कर्तव्यो विग्रहस्तदा ॥६५॥
of the enemies' the reverse and, to be made (is) war then. (65)

अन्यच्च। भूमिर्मित्रं हिरण्यं च विग्रहस्य फलं त्रयं।
Another and, Territory, a friend, gold and of war the fruit threefold;

यदैतन्निश्चितं भावि कर्तव्यो विग्रहस्तदा ॥६६॥
if this decidedly will be, to be made war then. (66)

राजाह। मद्बलं तावदवलोकयतु मंत्री। तदैतेषामुपयोगो
The king says: My-forces first may inspect the minister! Then of them the efficiency

ज्ञायतां। एवमाहूयतां मौहूर्तिकः। निर्णीय शुभलग्नं
may be ascertained! Likewise let be called the astrologer! Ascertaining a lucky-moment

ददातु। मंत्री ब्रूते। तथापि सहसा यात्राकरणमनुचितं।
he may give! The minister says: Thus even with rashness expedition-making improper.

यतः। विशंति सहसा मूढा ये ऽविचार्य द्विषद्बलं।
For, Engage with rashness fools who not-deliberating the enemy's-forces,

खड्गधारापरिष्वंगं लभंते ते सुनिश्चितं ॥६७॥
a sword-edge-embrace receive they most assuredly. (67)

राजाह। मंत्रिन् ममोत्साहभंगं सर्वथा मा कृथाः। विजिगीषुर्यथा
The king says: Minister, of me energy-breach wholly not do make! Wishing to conquer how

परभूमिमाक्रामति तथा कथय। गृध्रो ब्रूते। तत्कथयामि। किंतु
an enemy's-country one enters, thus relate! The vulture says: That I relate. However

तदनुष्ठितमेव फलप्रदं।
that executed only (is) fruit-granting.

तथा चोक्तं। किं मंत्रेणाननुष्ठानाच्छास्त्रवित्पृथिवीपतेः।
Thus and said: What with advice without-accomplishment of a science-knowing-earth-lord?

न ह्यौषधपरिज्ञानाद्व्याधेः शांतिः क्वचिद्भवेत् ॥६८॥
not for through medicine-knowledge of a disease cure anywhere can be. (68)

राजादेशश्चानतिक्रमणीयः। यथा श्रुतं तन्निवेदयामि। शृणु।
The king's-command and not to be transgressed. As heard this I make known. Listen,

नद्यद्रिवनदुर्गेषु यत्र यत्र भयं नृप।
At rivers-mountains-woods-difficult roads where where danger, O king,

तत्र तत्र च सेनानीर्यायाद्व्यूहीकृतैर्बलैः ॥६९॥
there there and the army-leader should go with arrayed forces. (69)

बलाध्यक्षः पुरो यायात्प्रवीरपुरुषान्वितः।
The force-superintendant in front should go by the bravest-men-surrounded,

मध्ये कलत्रं स्वामी च कोषः फल्गु च यद्बलं ॥७०॥
in the middle the wife, the prince and, the treasure, weak and what force. (70)

पार्श्वयोरुभयोरश्वा अश्वानां पार्श्वतो रथाः।
on sides both the horses, of the horses by the side the chariots,

रथानां पार्श्वयोर्नागा नागानां च पदातयः ॥७१॥
of the chariots on both sides the elephants, of the elephants (by the side) and the foot-soldiers. (71)

पश्चात्सेनापतिर्यायात्खिन्नानाश्वासयञ्छनैः।
Behind the army-leader should go, the wearied encouraging quietly;

मंत्रिभिः सुभटैर्युक्तः प्रतिगृह्य बलं नृपः ॥७२॥
by the ministers, excellent-warriors accompanied taking up the force the king. (72)

समेयाद्विषमं नागैर्जलाढ्यं समहीधरं।
he should cross the uneven (ground) with elephants, the in water-abounding, hilly,

सममश्वैर्जलं नौभिः सर्वत्रैव पदातिभिः ॥७३॥
a plain with horses, water with boats, everywhere surely with foot-soldiers. (73)

हस्तिनां गमनं प्रोक्तं प्रशस्तं जलदागमे।
Of elephants the march (is) proclaimed as best on the clouds'-approach,

तदन्यत्र तुरंगाणां पत्तीनां सर्वदैव हि ॥७४॥
that-except of horses, of foot-soldiers at all times verily indeed. (74)

शैलेषु दुर्गमार्गेषु विधेयं नृपरक्षणं।
Among hills, on difficult-roads to be made king's-guarding,

स्वयोधै रक्षितस्यापि शयनं योगनिद्रया ॥७५॥
by his-warriors of the guarded even resting (is) with a Yogin's-sleep. (75)

नाशयेत्कर्षयेच्छत्रून्दुर्गकंटकमर्दनैः।
He should destroy, he should harass the enemies by defile-obstacles-crushing;

परदेशप्रवेशे च कुर्यादाटविकान्पुरः ॥७६॥
on the enemy's-country-entering and he should place the pioneers in front. (76)

यत्र राजा तत्र कोशो विना कोशान्न राजता।
Where the king, there the treasure; without treasure not kingship;

स्वभृत्येभ्यस्ततो दद्यात्को हि दातुर्न युध्यते ॥७७॥
to his-attendants thereof he should give; who namely for a giver not does fight? (77)

यतः। न नरस्य नरो दासो दासस्त्वर्थस्य भूपते।
For, Not of man man (is) the slave, the slave but of wealth, O earth-lord!

गौरवं लाघवं वापि धनाधननिबंधनं ॥७८॥
Weight insignificance or also (are) on wealth-and want of wealth-contingent. (78)

अभेदेन च युध्येत रक्षेच्चैव परस्परं।
Without a break and should he fight, he should defend and verily mutually.

फल्गु सैन्यं च यत्किंचिन्मध्ये व्यूहस्य कारयेत् ॥७९॥
Weak part of the army and what ever, in the middle of the army he should place. (79)

पदातींश्च महीपालः पुरोऽनीकस्य योजयेत्।
The foot-soldiers and the earth-protector in front of the army should set;

उपरुध्यारिमासीत राष्ट्रं चास्योपपीडयेत् ॥८०॥
blockading the enemy he should continue, the realm and of him he should oppress. (80)

स्यंदनाश्वैः समे युध्येदनूपे नौद्विपैस्तथा ।
With chariots-and horse on level ground he should fight, on swampy ground with boats-and elephants likewise ;

वृक्षगुल्मावृते चापैरसिचर्मायुधैः स्थले ॥८१॥
on with trees-and bushes-covered with arrows, with swords-shield-weapons on dry land. (81)

दूषयेच्चास्य सततं यवसान्नोदकेंधनं ।
He should destroy and of him constantly corn-victuals-water-fuel,

भिंद्याच्चैव तडागानि प्राकारान्परिखास्तथा ॥८२॥
he should break and also the tanks, ramparts, trenches likewise. (82)

बलेषु प्रमुखो हस्ती न तथान्यो महीपतेः ।
Among the forces the chief (is) the elephant, not thus another of a king ;

निजैरवयवैरेव मातंगोऽष्टायुधः स्मृतः ॥८३॥
with his natural limbs already the elephant (is) eight-weaponed recorded. (83)

बलमश्वश्च सैन्यानां प्राकारो जंगमो यतः ।
The strength (is) the horse and of armies, a bulwark movable because,

तस्मादश्वाधिको राजा विजयी स्थलविग्रहे ॥८४॥
therefore an in horse-superior king (is) victorious in a land-fight. (84)

तथा चोक्तं । युध्यमाना हयारूढा देवानामपि दुर्जयाः ।
Thus and said : Combatants on horses-mounted (are) for gods even hard-to be defeated ;

अपि दूरस्थितास्तेषां वैरिणो हस्तवर्तिनः ॥८५॥
even afar-standing of them enemies in the hand-being. (85)

प्रथमं युद्धकारित्वं समस्तबलपालनं ।
The first belligerent's-duty (is) the entire-forces'-preservation ;

दिङ्मार्गाणां विशोधित्वं पत्तिकर्म प्रचक्ष्यते ॥८६॥
of the country-roads the clearing the infantry-business is proclaimed. (86)

स्वभावशूरमस्त्रज्ञमविरक्तं जितश्रमं ।
A by its own-nature-brave, in arms-skilled, not-disloyal, overcoming-fatigues,

प्रसिद्धक्षत्रियप्रायं बलं श्रेष्ठतमं विदुः ॥८७॥
of renowned-Kshatriyas-chiefly consisting force the best they consider. (87)

यथा प्रभुकृतान्मानाद्युध्यन्ते भुवि मानवाः ।
As through by the commander-bestowed honour fight in the world men,

न तथा बहुभिर्दत्तैर्द्रविणैरपि भूपतेः ॥८८॥
not thus for many given treasures even of an earth-lord. (88)

वरमल्पबलं सारं न कुर्यान्मुंडमंडलीं ।
Better (is) a small-force excellent; not should he make a bald heads'-host;

कुर्यादसारभंगो हि सारभंगमपि स्फुटं ॥८९॥
there will make of the worthless-the breach surely of the excellent-breach even evidently. (89)

अप्रसादो ऽनधिष्ठानं देयांशहरणं च यत् ।
Want-of favour, not-superintending, ration-appropriation and which,

कालयापो ऽप्रतीकारस्तद्वैराग्यस्य कारणं ॥९०॥
procrastination, non-redress, this (is) of disaffection the cause. (90)

अपीडयन्बलं शत्रूञ्जिगीषुरभिषेणयेत् ।
Not-distressing (his) force the enemies one wishing to conquer should cause to march march;

सुखं साध्यं द्विषां सैन्यं दीर्घयानप्रपीडितं ॥९१॥
easily to be defeated (is) of enemies an army by long-marches-distressed. (91)

दायादादपरो मंत्रो नास्ति भेदकरो द्विषां ।
Than a pretender another design not is destruction-causing of enemies,

तस्मादुत्थापयेद्यत्नाद्दायादं तस्य विद्विषः ॥९२॥
therefore should he raise up with pains a pretender to that enemy. (92)

संधाय युवराजेन यदि वा मुख्यमंत्रिणा ।
Having combined with the heir apparent or with the chief-minister,

अंतःप्रकोपनं कार्यमभियोक्तुः स्थिरात्मनः ॥९३॥
inward-irritation (is) to be caused by the assailant resolute-minded. (93)

क्रूरं मित्रं रणे चापि भंगं दत्वा विघातयेत् ।
The faithless ally in battle and also, overthrow having given, he should destroy,

अथवा गोग्रहाकृष्ट्या तन्मुख्याश्रितबंधनात् ॥९४॥
or by cattle-capture-carrying off, through his-plot-followers-enslaving. (94)

स्वराज्यं वासयेद्राजा परदेशापवाहनात् ।
His own-realm should populate a king by from the enemy's-country-leading away,

अथवा दानमानाभ्यां वासितं धनदं हि तत् ॥९५॥
or by generosity-and patronage; populated revenue-yielding (is) certainly that. (95)

राजाह । आः किं बहुनोदितेन ।
The king says: Oh, what with much talk?

आत्मोदयः परग्लानिर्द्वयं नीतिरितीयती ।
Self-exaltation, the enemy's-fall, both policy thus so great;

तदूरीकृत्य कृतिभिर्वाचस्पत्यं प्रतीयते ॥ ९६ ॥
this admitting by the prudent eloquence is understood. (96)

मंत्रिणा विहस्योच्यते । सर्वमेतद्विशेषतश्चोच्यते । किंतु ।
By the minister smiling is said: All this most particularly even is said. However,

अन्यदुच्छृंखलं सत्त्वमन्यच्छास्त्रनियंत्रितं ।
One (is) unrestrained being, the other by laws-governed,

सामानाधिकरण्यं हि तेजस्तिमिरयोः कुतः ॥ ९७ ॥
the same-location namely of light-and darkness whence? (97)

तत उत्थाय राजा मौहूर्तिकावेदितलग्ने प्रस्थितः । अथ
Then having risen the king at by the astrologer-appointed-time set out. Now

प्रहितप्रणिधिर्हिरण्यगर्भमागत्योवाच । देव समागतप्रायो
the despatched-spy Hiranyagarbha having approached said: Sire, arrived-almost

राजा चित्रवर्णः संप्रति मलयपर्वताधित्यकायां समावासितकटको
king Chitravarṇa at present on the Malaya-mountain's-table land having pitched-(his) camp

ऽनुवर्तते । दुर्गशोधनं प्रतिक्षणमनुसंधातव्यं यतो ऽसौ गृध्रो
remains. Fortress-clearance* at-the moment (is) to be instituted, for that vulture

महामंत्री । किंच केनचित्सह तस्य विश्वासकथा-
(is) a great-minister. Moreover somebody with, of him through confidential-

प्रसंगेनैव तदिंगितमवगतं मया यदनेन को ऽप्यस्मद्दुर्गे
conversation verily this hint understood by me, that by him somebody in our-fortress

प्रागेव नियुक्तः । चक्रो ब्रूते । देव काक एवासौ संभवति ।
before already installed. The Chakravāka says: Sire, the crow only that can be.

राजाह । न कदाचिदेतत् । यद्येवं तदा कथं तेन शुकस्या-
The king says: Not ever that. If thus, then why by him of the parrot

भिभवोद्योगः कृतः । अपरं च । शुकस्यागमनात्तस्य विग्रहोत्साहः ।
defeat-effort made? Another and: Since the parrot's approach of that one the war-exertion;

---

* Removal of all suspicious characters.

स चिरादत्रास्ते । मंत्री ब्रूते । तथाप्यागंतुः शंकनीयः ।
he since long here stays. The minister says: Thus even a stranger to be suspected.

राजाह । आगंतुका हि कदाचिदुपकारका दृश्यंते । शृणु ।
The king says: Strangers surely sometimes serviceable are seen. Listen,

परो ऽपि हितवान्बंधुर्बंधुरप्यहितः परः ।
A stranger even, (if) kind, (is) a relation, a relation even, (if) unkind, (is) a stranger;

अहितो देहजो व्याधिर्हितमारण्यमौषधं ॥९८॥
inauspicious (is) in the body-generated a disease, auspicious in woods grown a drug. (98)

अपरं च । आसीद्वीरवरो नाम शूद्रकस्य महीभृतः ।
Another and, There was Vîravara by name of S'ûdraka the king

सेवकः स्वल्पकालेन स ददौ सुतमात्मनः ॥९९॥
an attendant, in very-short-time he gave the son of himself. (99)

चक्रः पृच्छति । कथमेतत् । राजा कथयति । अहं पुरा शूद्रकस्य
The Chakravâka asks: How that? The king relates: I formerly of S'ûdraka

राज्ञः क्रीडासरसि कर्पूरकेलिनाम्नो राजहंसस्य पुत्र्या
the king on a pleasure-lake of the Karpûrakeli-named flamingo the daughter

कर्पूरमंजर्या सहानुरागवानभवं । तत्र वीरवरो नाम महाराजपुत्रः
Karpûramañjarî with in love was. There Vîravara by name a great-king's-son

कुतश्चिद्देशादागत्य राजद्वारमुपगम्य प्रतीहारमुवाच ।
from some country having arrived to the king's-door having gone the warder addressed:

अहं तद्वेतनार्थी राजपुत्रः । राजदर्शनं कारय । ततस्तेनासौ
I his-service-seeking a king's-son. Of the king-seeing let me make! Then by him he

राजदर्शनं कारितो ब्रूते । देव यदि मया सेवकेन
of the king-seeing allowed to make says: Sire, If for me as an attendant

प्रयोजनमस्ति तदास्मद्वर्तनं क्रियतां । शूद्रक उवाच । किं ते
occasion there is, then our-pay let be fixed! S'ûdraka said: What of thee

वर्तनं । वीरवरो ब्रूते । प्रत्यहं सुवर्णपंचशतानि देहि । राजाह ।
the pay? Vîravara says: Daily of Suvarṇas-five hundred give! The king says:

का ते सामग्री । वीरवरो ब्रूते । द्वौ बाहू तृतीयश्च खड्गः ।
What of thee the retinue? Vîravara says: Two arms, as third and a sword.

राजाह । नैतच्छक्यं । तच्छ्रुत्वा वीरवरश्चलितः । अथ
The king says: Not (is) this possible. This having heard Vîravara departed. Then

मंत्रिभिरुक्तं । देव दिनचतुष्टयस्य वर्तनं दत्त्वा ज्ञायतामस्य
by the ministers said: Sire, four days' pay giving let be ascertained of him

स्वरूपं किमुपयुक्तो ऽयमेतावद्वर्तनं गृह्णात्यनुपयुक्तो वेति ।
his-character, whether worthy he so much pay receives, unworthy or, thus.

ततो मंत्रिवचनादाहूय वीरवराय तांबूलं दत्त्वा
Then upon the ministers'-advice having called (him), to Vîravara betel having given,

पंचशतानि सुवर्णानि दत्तानि तद्विनियोगश्च राज्ञा
five-hundred Suvarṇas (were) given, of that-the application and by the king

सुनिभृतं निरूपितः । तदर्धं वीरवरेण देवेभ्यो ब्राह्मणेभ्यो
very-privately watched. Of that-one half by Vîravara for the gods to the Brâhmaṇas

दत्तं स्थितस्यार्धं दुःखितेभ्यस्तदवशिष्टं
(was) given away, of the remaining one half to the needy, of that-the remainder

भोज्यव्ययविलासव्ययेन । एतत्सर्वं नित्यकृत्यं कृत्वा
through food-expenditure-and amusement-expenditure. This all as a pious-practice doing

राजद्वारमहर्निशं खड्गपाणिः सेवते यदा च राजा स्वयं
the king's-door day-and night sword-in hand he watches, when and the king himself

समादिशति तदा स्वगृहमपि याति । अथैकदा कृष्णचतुर्दश्यां
commands, then to his own-house also he goes. Now once of the dark (half)-on the fourteenth

रात्रौ राजा स करुणं क्रंदनध्वनिं शुश्राव । शूद्रक उवाच । कः
at night king that a piteous weeping-noise heard. Śûdraka said: Who,

को ऽत्र द्वारि । तेनोक्तं । देवाहं वीरवरः । राजोवाच । क्रंद-
who there at the door? By him said: Sire, I Vîravara. The king said: Of the

नानुसरणं क्रियतां । वीरवरो यथाज्ञापयति देव इत्युक्त्वा
weeping-going after let be made! Vîravara, 'as commands Your Majesty' thus saying,

चलितः । राज्ञा च चिंतितं । न तदुचितं । अयमेकाकी राजपुत्रो
departed. By the king and reflected: Not this proper. This alone king's-son

मया सूचीभेद्ये तमसि प्रेरितः । तदनुगत्वा किमे-
by me in with a needle-pierceable darkness despatched. Therefore following, 'what

तदिति निरूपयामि। ततो राजापि खड्गमादाय तदनुसरण-
that' thus I investigate. Then the king also, a sword having taken of him-following-

क्रमेण नगराद्बहिर्निर्जगाम। गत्वा च वीरवरेण सा रुदती
by way from the town out went. Having gone and by Viravara that weeping,

रूपयौवनसंपन्ना सर्वालंकारभूषिता काचित्स्त्री दृष्टा पृष्टा
with beauty-and youth-endowed with all-ornaments-decorated some woman seen asked

च। का त्वं किमर्थं रोदिषि। स्त्रियोक्तं। अहमेतस्य
and । Who thou? wherefore dost thou weep? By the woman said । I of that

शूद्रकस्य राजलक्ष्मीश्चिरादेतस्य भुजच्छायायां महता सुखेन
S'ûdraka the king's-Fortune since long of him in the arm-shade with great happiness

विश्रांतेदानीमन्यत्र गमिष्यामि। वीरवरो ब्रूते। यत्रापायः
having reposed, now to another place shall go. Viravara says । Where departure

संभवति तत्रोपायो ऽप्यस्ति। तत्कथं स्यात्पुनरिहावलंबनं
is possible, there approach also is. Therefore, how might be again here residence

भवत्याः। लक्ष्मीरुवाच। यदि त्वमात्मनः पुत्रं शक्तिधरं द्वात्रिंशल्ल-
of you? Fortune said : 'If thou of thyself the son S'aktidhara, with thirty-two-

क्षणोपेतं भगवत्याः सर्वमंगलाया उपहारीकरोषि
(auspicious) marks-endowed, of the venerable all-auspicious one * an offering-makest,

तदाहं पुनरत्र सुचिरं निवसामीत्युक्त्वादृश्याभवत्। ततो
then I again here for very-long dwell' thus saying invisible she became. Then

वीरवरेण स्वगृहं गत्वा निद्रायमाणा स्ववधूः प्रबोधिता पुत्रश्च।
by Viravara to his-house having gone sleeping his-wife (was) awakened, the son and.

तौ निद्रां परित्यज्योत्थायोपविष्टौ। वीरवरस्तत्सर्वं
Those two sleep having renounced having risen sat down. Viravara that whole

लक्ष्मीवचनमुक्तवान्। तच्छ्रुत्वा सानंदः शक्तिधरो ब्रूते। धन्यो
Fortune's-speech related. Then having heard with-joy S'aktidhara says : Happy (am)

ऽहमेवंभूतः स्वामिराज्यरक्षार्थं यन्ममोपयोगः श्लाघ्यः।
I, such for the master's-sovereignty's-preservation's-sake that of me use praiseworthy!

तत्को ऽधुना विलंबस्य हेतुः। एवंविधे कर्मणि देहस्य विनियोगः
Then what now for delay cause? In such an action of the body employment (is)

---

* Name of a deity.

श्लाघ्यः । यतः ।
praiseworthy. For,

धनानि जीवितं चैव परार्थे प्राज्ञ उत्सृजेत् ।
Riches, life and even, for another's-sake the wise should give-up,

सन्निमित्ते वरं त्यागो विनाशे नियते सति ॥१००॥
for good's-sake preferable the sacrifice, destruction destined being. (100)

शक्तिधरमातोवाच । यद्येतन्न कर्तव्यं तत्केनाप्यन्येन कर्मणा
S'aktidhara's-mother said: If this not to be done, then by which possible other act

मुख्यस्य महावर्तनस्य निष्क्रयो भविष्यति । इत्यालोच्य सर्वे सर्व-
of the excellent great-pay requital will be? Thus having reflected all of the all-

मंगलायाः स्थानं गताः । तत्र सर्वमंगलां संपूज्य
auspicious one to the residence gone. There the all-auspicious one having worshipped

वीरवरो ब्रूते । देवि प्रसीद विजयतां विजयतां शूद्रको
Vîravara says: 'O goddess, be pleased! Let be victorious let be victorious S'ûdraka

महाराजो गृह्यतामुपहार इत्युक्त्वा पुत्रस्य शिरश्चिच्छेद ।
the great-king! Let be accepted (my) offering' thus saying the son's head he cut off.

ततो वीरवरश्चिंतयामास । गृहीतराजवर्तनस्य निस्तारः कृतः । अधुना
Then Vîravara reflected: Of the received-king's-pay acquittance made. Now

निष्पुत्रस्य जीवनेनालमित्यालोच्यात्मनः शिरश्छेदः कृतः ।
of a sonless man with the life enough! thus considering of himself head-cutting made.

ततः स्त्रियापि स्वामिपुत्रशोकार्तया तदनुष्ठितं ।
Then by the woman also with for husband-and son-sorrow-pained that accomplished.

तत्सर्वं दृष्ट्वा राजा साश्चर्यं चिंतयामास ।
That all having seen the king with astonishment was thinking:

जीवंति च म्रियंते च मद्विधाः क्षुद्रजंतवः ।
There live and, there die and me-like little-creatures;

अनेन सदृशो लोके न भूतो न भविष्यति ॥१०१॥
to this one similar in the world not has been, not will be. (101)

तदेतेन परित्यक्तेन मम राज्येनाप्यप्रयोजनं । ततः शूद्रकेणापि
Then of him deprived of me of the kingdom even no-use. Then by S'ûdraka also

स्वशिरश्छेत्तुं खड्गः समुत्थापितः। अथ भगवत्या सर्वमंगलया
his-head to cut off the sword (was) raised up. Now by the venerable all-auspicious one

राजा हस्ते धृत उक्तश्च। पुत्र प्रसन्नास्मि ते।
the king by the hand held accosted and: My son, favourable am I to thee.

एतावता साहसेनालं। जीवनांते ऽपि तव राज्यभंगो नास्ति।
With such rashness enough! To (thy) life's-end even of thee kingdom-loss not is.

राजा च साष्टांगपातं प्रणम्योवाच। देवि किं मे
The king and with-prostration having saluted (her) said: Goddess, what of me

राज्येन जीवितेन वा किं प्रयोजनं। यद्यहमनुकंपनीयस्तदा ममा-
of the kingdom, of life or what use? If I (am) to be pitied, then of me

युःशेषेणायं सदारपुत्रो वीरवरो जीवत्वन्यथाहं यथाप्राप्तिं
for the life-rest this with-wife-and son Viravara may live, otherwise I according-to-finding

गतिं गच्छामि। भगवत्युवाच। पुत्र अनेन ते सत्वोत्कर्षेण
the path go. The venerable one said: Son, with this of thee true-nobility

भृत्यवात्सल्येन च तव तुष्टास्मि। गच्छ। विजयी भव। अय-
for attendants-tenderness and of thee satisfied I am. Go! Victorious be! This

मपि सपरिवारो राजपुत्रो जीवत्वित्युक्त्वा देव्यदृश्याभवत्।
also with-family king's-son may live! thus saying the goddess invisible became.

ततो वीरवरः सपुत्रदारो गृहं गतः। राजापि तैरलक्षितः
Then Viravara with son-and wife home gone. The king also by them not-perceived

सत्वरमंतःपुरं प्रविष्टः। अथ प्रभाते वीरवरो द्वारस्थः
with-haste the palace entered. Now in the morning Viravara at the door-standing

पुनर्भूपालेन पृष्टः सन्नाह। देव सा रुदती मामवलोक्या-
again by the king asked being says: Sire, that weeping (woman) me having seen

दृश्याभवत्। न काप्यन्या वार्ता विद्यते। तद्वचनमाकर्ण्य
invisible became. Not any other tiding is known. His-word having heard

राजाचिंतयत्। कथमयं श्लाघ्यो महासत्वः। यतः।
the king thought: How (is) he to be praised, of great-excellence! For,

प्रियं ब्रूयादकृपणः शूरः स्यादविकत्थनः।
Kind (words) should he speak not-doleful; a hero he should be not-boasting;

दाता नापात्रवर्षी च प्रगल्भः स्यादनिष्ठुरः ॥१०२॥
generous not upon the unworthy-showering and, confident should he be not-harsh. (102)

एतन्महापुरुषलक्षणमेतस्मिन्सर्वमस्ति। ततः स राजा प्रातः
This great-man's-characteristic in this one entire is. Then that king early

शिष्टसभां कृत्वा सर्ववृत्तांतं प्रस्तुत्य प्रसा-
of the chiefs-an assembly having made, the whole-event having made known, through

दात्तस्मै कर्णाटराज्यं ददौ। तत्किमागंतुको जातिमा-
favour to him the Karṇâṭa-kingdom gave. Then why (is) a stranger by nature-

त्राद्दुष्टः। तत्राप्युत्तमाधममध्यमाः संति। चक्रवाको ब्रूते।
already evil? There also highest-lowest-middlings are. The Chakravâka says:

यो ऽकार्यं कार्यवच्छास्ति स किं मंत्री नृपेच्छया।
Who the improper proper-like advises, (is) he (what?) a minister, according to the king's-desire?

वरं स्वामिमनोदुःखं तन्नाशो न त्वकार्यतः ॥१०३॥
better (is) a master's-heart-pain, his-destruction not however through the improper. (103)

वैद्यो गुरुश्च मंत्री च यस्य राज्ञः प्रियः सदा।
The physician, the spiritual guide and, the minister and of which king dear always,

शरीरधर्मकोशेभ्यः क्षिप्रं स परिहीयते ॥१०४॥
by the body-virtue-treasure quickly he is forsaken. (104)

शृणु देव। पुण्याल्लब्धं यदेकेन तन्ममापि भविष्यति।
Listen, Sire: "Through virtue obtained what by one, that of me also will be,"

हत्वा भिक्षुं महालोभान्निधिप्रार्थी नापितो हतः ॥१०५॥
having killed a beggar through great-covetousness treasure-seeking the barber (was) killed. (105)

राजा पृच्छति। कथमेतत्। मंत्री कथयति। अस्त्ययोध्यायां चूडा-
The king asks: How that? The minister relates: There is in Ayodhyâ Chûḍâ-

मणिर्नाम क्षत्रियः। तेन धनार्थिना महता क्लेशेन भगवां-
maṇi by name a Kshatriya. By him wealth-seeking with great pain the venerable

श्चंद्रार्धचूडामणिश्चिरमाराधितः। ततः क्षीणपापो ऽसौ
moon's-half-as crest-jewel bearing long worshipped. Then with destroyed-sin he,

स्वप्ने दर्शनं दत्त्वा भगवदादेशाद्यक्षेश्वरेण-
in sleep a vision having given, upon His Holiness'-command by the Yaksha-lord (was)

दिष्टः। यत्त्वमद्य प्रातः क्षौरं कृत्वा लगुडं हस्ते
Instructed: When thou to-day early, shaving having made, a stick in hand

कृत्वा गृहे निभृतं स्थास्यसि ततो ऽस्मिन्नेवांगने समागतं
having taken in the house secretly wilt stay, then in this very court having approached

भिक्षुं पश्यसि। तं निर्दयं लगुडप्रहारेण हनिष्यसि। ततः
a beggar thou seest. Him without-pity with stick-beating thou shalt kill. Then

सुवर्णकलशो भविष्यति तेन त्वया यावज्जीवं सुखिना भवितव्यं।
a gold-pot he will be, with that by thee as long as-thou livest comfortable to be.

ततस्तथानुष्ठिते तद्वृत्तं। तत्र क्षौरकरणायानीतेन
Then thus (it being) accomplished that happened. There the shaving-to do by the fetched

नापितेनालोक्य चिंतितं। अये निधिप्राप्तेरयमुपायः। अहमप्येवं
barber, having looked on, reflected: Ah, of treasure-acquisition this a way. I also thus

किं न करोमि। ततः प्रभृति नापितः प्रत्यहं तथाविधो लगुडहस्तः
why not do! Thence forward the barber daily in such a state stick-in hand

सुनिभृतं भिक्षोरागमनं प्रतीक्षते। एकदा तेन प्राप्तो भिक्षुर्लगुडेन
very-secretly a beggar's approach awaits. Once by him caught a beggar with the stick

व्यापादितः। तस्मादपराधात्सो ऽपि नापितो राजपुरुषैर्व्यापादितः।
killed. For that offence that also barber by the king's-men killed.

अतो ऽहं ब्रवीमि। पुण्याल्लब्धं यदेकेनेत्यादि। राजाह।
Therefore I say: Through virtue obtained what by one etc. The king says:

पुरावृत्तकथोद्गारैः कथं निर्णीयते परः।
By old-events'-tales-bringing up how is found out a stranger,

स्यान्निष्कारणबंधुर्वा किंवा विश्वासघातकः ॥१०६॥
(whether) be he without-motive-a friend either or a confidence-betrayer! (106)

यातु। प्रस्तुतमनुसंधीयतां। मलयाधित्यकायां चेच्चित्रवर्णस्
Let it go! The matter in hand let be arranged! On the Malaya's-table land if Chitravarṇa;

तदधुना किं विधेयं। मंत्री वदति। देव आगतप्रणिधिमुखान्
then now what to be done! The minister says: Sire, from the arrived-spy's-mouth

मया श्रुतं तन्महामंत्रिणो गृध्रस्योपदेशे चित्रवर्णेनानादरः
by me heard, of his-great-minister the vulture for the advice that by Chitravarṇa disregard

कृतः । ततो ऽसौ मूढो जेतुं शक्यः । तथा चोक्तं ।
shown. Therefore that fool defeated can be. Thus and said:

लुब्धः क्रूरो ऽलसो ऽसत्यः प्रमादी भीरुरस्थिरः ।
Covetous, cruel, inactive, untrue, careless, timid, unstable,

मूढो योधावमंता च सुखच्छेद्यो रिपुः स्मृतः ॥१०७॥
foolish, warriors-despising and, easily-to be defeated an enemy is recorded. (107)

ततो ऽसौ यावदस्मद्दुर्गद्वाररोधं न करोति तावन्नद्य-
Then he so long as of-our-fortress'-door-siege not makes, so long at rivers-

द्रिवनवर्त्मसु तद्बलानि हंतुं सारसादयः सेनापतयो
mountains-woods-roads his-forces to slay Sârasa-etc. the army-commanders

नियुज्यंतां । तथा चोक्तं ।
let be ordered! Thus and said:

दीर्घवर्त्मपरिश्रांतं नद्यद्रिवनसंकुलं ।
By long-marches-fatigued, by rivers-hills-woods-obstructed,

घोराग्निभयसंत्रस्तं क्षुत्पिपासार्दितं तथा ॥१०८॥
by dreadful-fire-apprehension-terrified, by hunger-and thirst-distressed likewise; (108)

प्रमत्तं भोजनव्यग्रं व्याधिदुर्भिक्षपीडितं ।
careless, for provisions-straitened, with sickness-and famine-afflicted;

असंस्थितमभूयिष्ठं वृष्टिवातसमाकुलं ॥१०९॥
not-steady, not-very numerous, by rain-and wind-embarrassed; (109)

पंकपांशुजलाच्छन्नं सुव्यस्तं दस्युविद्रुतं ।
with mud-dust-water-covered, very-confused, by robbers-disturbed,

एवंभूतं महीपालः परसैन्यं विघातयेत् ॥११०॥
in such-a state an earth-protector the enemy's-army should destroy. (110)

अन्यच्च । अवस्कंदभयाद्राजा प्रजागरकृतश्रमं ।
Another and, From assault-fear, a king, with watching-exhausted,

दिवासुप्तं समाहन्यान्निद्राव्याकुलसैनिकं ॥१११॥
in the day-sleeping should attack a through sleep-confused-soldier. (111)

अतस्तस्य प्रमादिनो बलं गत्वा यथावकाशं
Therefore of that negligent (one) the force, having gone, according to-opportunity

दिवानिशं मंत्रस्मत्सेनापतयः । तथानुष्ठिते चित्रवर्णस्य सैनिकाः
by day-and night may slay our-generals! Thus (it being) executed of Chitravarņa soldiers

सेनापतयश्च बहवो निहताः । ततश्चित्रवर्णो विषण्णः स्वमंत्रिणं
generals and many (were) slain. Then Chitravarņa cast down his-minister

दूरदर्शिनमाह । तात किमित्यस्मदुपेक्षा क्रियते । किं क्वाप्य-
Dūradarśin accosts: Father, why thus of us-disregard is made! (What!) anywhere

विनयो ममास्ति । तथा चोक्तं ।
improper-conduct of me is there? Thus and said:

न राज्यं प्राप्तमित्येवं वर्तितव्यमसांप्रतं ।
Not 'sovereignty obtained' thus so to be behaved indiscreetly;

श्रियं ह्यविनयो हंति जरा रूपमिवोत्तमं ॥११२॥
fortune for improper-conduct destroys, old age beauty as the highest. (112)

अपि च । दक्षः श्रियमधिगच्छति पथ्याशी कल्यतां सुखमरोगी ।
Also and, The expert fortune acquires, a medicine-eater health, ease the not-diseased,

उद्युक्तो विद्यांतं धर्मार्थयशांसि च विनीतः ॥११३॥
the active of knowledge-the end, virtue-profit-reputation and the well-behaved. (113)

गृध्रो ऽवदत् । देव शृणु । अविद्वानपि भूपालो विद्यावृद्धोपसेवया ।
The vulture said: Sire, listen, Ignorant even a king by the in knowledge-old-respecting

परां श्रियमवाप्नोति जलासन्नतरुर्यथा ॥११४॥
supreme prosperity attains, a water-near standing-tree as. (114)

अन्यच्च । पानं स्त्री मृगया द्यूतमर्थदूषणमेव च ।
Another and, Drinking, woman, hunting, gaming, property-waste likewise and,

वाग्दंडयोश्च पारुष्यं व्यसनानि महीभुजां ॥११५॥
in word-and punishment and severity (are) blemishes of kings. (115)

किंच । न साहसैकांतरसानुवर्तिना
Moreover, Not by one of rashness-only-the emotion-following,

न चाप्युपायोपहतांतरात्मना ।
not and also by one with through efforts-overpowered-mind

विभूतयः शक्यमवाप्तुमूर्जिता
successes can be obtained eminent;

नये च शौर्ये च वसंति संपदः ॥११६॥
in policy and in valour and dwell fortunes. (116)

त्वया स्वबलोत्साहमवलोक्य साहसैकवासिना मयो-
By thee, at thy-forces'-ardour looking, on rashness-only dwelling, for the by me

पन्यस्तेष्वपि मंत्रेष्वनवधानं वाक्पारुष्यं च कृतं। अतो
proffered even counsels disregard word-harshness and shown. Therefore

दुर्नीतेः फलमिदमनुभूयते। तथा चोक्तं।
of improper-conduct fruit this is experienced. Thus and said:

दुर्मंत्रिणं कमुपयांति न नीतिदोषाः
Having bad-ministers whom befal not policy-errors?

संतापयंति कमपथ्यभुजं न रोगाः।
Torment whom unwholesome (food)-eating not diseases?

कं श्रीर्न दर्पयति कं न निहंति मृत्युः
Whom fortune not does elate? Whom not does slay death?

कं स्त्रीकृता न विषया परितापयंति ॥११७॥
Whom by women-done not pleasures torment? (117)

अपरं च। मुदं विषादः शरदं हिमागमः
Another and, Joy melancholy, autumn winter,

तमो विवस्वान्सुकृतं कृतघ्नता।
darkness the sun, good-acts ingratitude,

प्रियोपपत्तिः शुचमापदं नयः
kindness-manifestation grief, misfortune good conduct,

श्रियः समृद्धा अपि हंति दुर्नयः ॥११८॥
fortunes elevated even destroys bad-conduct. (118)

ततो मयाप्यालोचितं। प्रज्ञाहीनो ऽयं राजा। नो चेत्कथं
Then by me also reflected: Intelligence-forsaken (is) this king. Not if, how

नीतिशास्त्रकथाकौमुदीं वागुल्काभिस्तिमिरयति। यतः।
of policy-book-sayings-the moonlight with talk-torches does he darken? For,

यस्य नास्ति स्वयं प्रज्ञा शास्त्रं तस्य करोति किं।
Of whom not there is of himself intelligence, a book of him does what?

लोचनाभ्यां विहीनस्य दर्पणः किं करिष्यति ॥११९॥
of both eyes of one deprived a mirror what will do? (119)

इत्यालोच्य तूष्णीं स्थितः। अथ राजा बद्धांजलिराह। तात
Thus reflecting silent remained. Now the king with joined-hands says: Father,

अस्त्ययं ममापराधः। इदानीं यथावशिष्टबलसहितः प्रत्यावृत्य
it is this of me the fault. At present how by the remaining-forces-accompanied returning

विंध्याचलं गच्छामि तथोपदिश। गृध्रः स्वगतं चिंतयति।
to the Vindhya-mountain I go, thus advise! The vulture with himself reflects:

क्रियतामत्र प्रतीकारः। यतः।
Let there be made here a remedy! For,

देवतासु गुरौ गोषु राजसु ब्राह्मणेषु च।
Towards gods, a spiritual guide, cows, kings, Brâhmans and,

नियंतव्यः सदा कोपो बालवृद्धातुरेषु च ॥१२०॥
to be restrained always anger, towards children-the aged-the sick and. (120)

मंत्री प्रहस्य ब्रूते। देव मा भैषीः। समाश्वसिहि। शृणु देव।
The minister smiling says: Sire, not be afraid! Console thyself! Listen, Sire,

मंत्रिणां भिन्नसंधाने भिषजां सांनिपातिके।
Of ministers of the disunited-in the conciliation, of physicians in a complicated*-

कर्मणि व्यज्यते प्रज्ञा सुस्थे को वा न पंडितः ॥१२१॥
business is perceived the wisdom; with the healthy who or not wise? (121)

अपरं च। आरभंते ऽल्पमेवाज्ञाः कामं व्यग्रा भवंति च।
Another and, There undertake little only the un-intelligent, nevertheless bewildered are they and;

महारंभाः कृतधियस्तिष्ठंति च निराकुलाः ॥१२२॥
great (things)-undertaking (are) those of settled-purpose; they stand and unperplexed. (122)

तदत्र भवत्प्रतापादेव दुर्गं भंक्त्वा कीर्तिप्रतापसहितं
Then here through thy-valour verily the fortress having broken, with fame-and power-endued

त्वामचिरेण कालेन विंध्याचलं नेष्यामि। राजाह। कथमधुना
thee in no-long time to the Vindhya-mountain I shall lead. The king says: How now

स्वल्पबलेन तत्संपद्यते। गृध्रो वदति। देव सर्वं भविष्यति।
with a very-small-force that is possible? The vulture says: Sire, all will be.

---

* The name of a dangerous disease supposed to be caused by a derangement in the three humors collectively.

यतो विजिगीषोरदीर्घसूत्रता विजयसिद्धेर-
Because of one wishing to conquer want-of-dilatoriness of victory-accomplishment

वश्यंभावि लक्षणं तत्सहसैव दुर्गावरोधः क्रियतां ॥
an indispensable mark, therefore with quickness verily fortress-siege let be made!

प्रहितप्रणिधिना बकेनागत्य हिरण्यगर्भस्य तत्कथितं । देव
By the despatched-spy, the crane, having arrived to Hiraṇyagarbha this told: Sire,

स्वल्पबल एवायं राजा चित्रवर्णो गृध्रस्य मंत्री-
with very-small-forces even this king Chitravarṇa through the vulture's counsel-

पष्टंभेन दुर्गावरोधं करिष्यति । राजाह । सर्वज्ञ किमधुना
encouragement fortress-siege will make. The king says: Sarvajña, what now

विधेयं । चक्रो ब्रूते । स्वबले सारासारविचारः
to be done? The Chakravāka says: In our-force of the strong-and weak-discrimination

क्रियतां । तज्ज्ञात्वा सुवर्णवस्त्रादिकं यथार्हं
be made! That having learned in gold-dresses-&c. consisting according to-merit

प्रसादप्रदानं क्रियतां । यतः ।
bounty-distribution be made! For,

यः काकिनीमप्यपथप्रपन्नां समुद्धरेन्निष्कसहस्रतुल्यां ।
Who a Kākinī even on a byway-fallen picks up, (as if) of Nishkas-thousands-worth,

कालेषु कोटिष्वपि मुक्तहस्तस्तं राजसिंहं न जहाति लक्ष्मीः ॥१२३॥
at times for Koṭis even open-handed, that king-lion not forsakes Fortune. (123)

अन्यच्च । क्रतौ विवाहे व्यसने रिपुक्षये
Another and, At a sacrifice, at a wedding, in distress, in enemy's-destruction,

यशस्करे कर्मणि मित्रसंग्रहे ।
in a glory-causing work, in friends'-reception,

प्रियासु नारीषु नरेषु बांधवे-
on beloved women, on men related,

ष्वतिव्ययो नास्ति नराधिपाष्टसु ॥१२४॥
excessive-expenditure not is O king on (these) eight. (124)

यतः । मूर्खः स्वल्पव्ययत्रासात्सर्वनाशं करोति हि ।
For, A fool through very-small-expense's-dread of the whole-ruin makes namely;

कः सुधीः संत्यजेद्भांडं शुल्कस्यैवातिसाध्वसात् ॥१२५॥
What wise man would abandon his box of the toll merely through excessive-dread? (125)

राजाह । कथमिह समये ऽतिव्ययो युज्यते । उक्तं च ।
The king says। How here on the occasion excessive-expense is proper? Said also।

आपदर्थे धनं रक्षेदिति । मंत्री ब्रूते । श्रीमतः
'For misfortune's-sake riches he should preserve' thus. The minister says। of Y. M.

कथमापदः । राजाह । कदाचिच्चलते लक्ष्मीः । मंत्री ब्रूते ।
how misfortunes? The king says: Sometimes wavers Fortune. The minister says।

संचितार्थो विनश्यति तद्देव कार्पण्यं विमुच्य दानमानाभ्यां
Hoarded-wealth perishes, therefore, Sire, parsimony giving up with gifts-and honours

स्वभटाः पुरस्क्रियंतां । तथा चोक्तं ।
thy-brave soldiers let be distinguished! Thus and said।

परस्परज्ञाः संहृष्टास्त्यक्तुं प्राणान्सुनिश्चिताः ।
Each-other-knowing, contented, to sacrifice life firmly-determined,

कुलीनाः पूजिताः सम्यग्विजयंते द्विषद्बलं ॥१२६॥
noble, honoured properly, do they conquer the enemy's-forces. (126)

अपरं च । सुभटाः शीलसंपन्नाः संहताः कृतनिश्चयाः ।
Another and, Brave-soldiers, with good character-endued, united, determined,

अपि पंचशतं शूरा निघ्नंति रिपुवाहिनीं ॥१२७॥
even five-hundred heroes defeat an enemy's-army. (127)

किंच । शिष्टैरप्यविशेषज्ञ उग्रश्च कृतनाशकः ।
Moreover, By the good even one no-difference-knowing, harsh and, ungrateful,

त्यज्यते किं पुनर्नान्यैर्यश्चाप्यात्मंभरिर्नरः ॥१२८॥
is abandoned, how much more not by others, who and also selfish man. (128)

यतः । सत्यं शौर्यं दया त्यागो नृपस्यैते महागुणाः ।
For, Veracity, heroism, tenderness, liberality,— of a king these the great-virtues।

एभिर्मुक्तो महीपालः प्राप्नोति खलु वाच्यतां ॥१२९॥
of these deprived an earth-protector incurs surely censure. (129)

ईदृशि प्रस्तावे ऽमात्यास्तावदेव पुरस्कर्तव्याः । तथा चोक्तं ।
On such an occasion the ministers first verily to be distinguished. Thus and said।

यो येन प्रतिबद्धः स्यात्सह तेनोदयी व्ययी ।
Who with whom bound up may be, with him rising declining.

स विश्वस्तो नियोक्तव्यः प्राणेषु च धनेषु च ॥१३०॥
he trusted (is) to be employed in (affairs of) life as well in (affairs of) property as. (130)

यतः । धूर्तः स्त्री वा शिशुर्यस्य मंत्रिणः स्युर्महीपतेः ।
For, A knave, a woman or, a child of what ministers may be of king,

अनीतिपवनक्षिप्तः कार्याब्धौ स निमज्जति ॥१३१॥
by impolicy's-storm-hurled on the business-ocean he sinks. (131)

शृणु देव । हर्षक्रोधौ समौ यस्य शास्त्रार्थे प्रत्ययस्तथा ।
Listen, Sire, Joy-and anger even of whom, of the scripture-sense understanding likewise,

नित्यं भृत्यानुपेक्षा च तस्य स्याद्धनदा धरा ॥१३२॥
constantly for attendants-care and, of him will be treasure-bestowing the earth. (132)

येषां राज्ञा सह स्यातामुच्चयापचयौ ध्रुवं ।
Of whom with the king together will be rise-and fall firmly,

अमात्या इति तान्राजा नावमन्येत्कदाचन ॥१३३॥
ministers, thus— them a king not should neglect ever. (133)

यतः । महीभुजो मदांधस्य संकीर्णस्येव दंतिनः ।
For, Of a king with infatuation-blinded of an intoxicated as elephant

स्खलतो हि करालंबः सुहृत्सचिवचेष्टितं ॥१३४॥
of the stumbling surely hand-support (is) a friendly-minister's-exertion. (134)

अथागत्य प्रणम्य मेघवर्णो ब्रूते । देव दृष्टिप्रसादं कुरु । इदानीं
Now approaching bowing Meghavarna says: Sire, look-favour bestow! Now

विपक्षो दुर्गद्वारि वर्तते तद्देवपादादेशाद्बहिर्निःसृत्य
the enemy at the fortress-gate stands, therefore on Y. M.'s-feet's-command out going

स्वविक्रमं दर्शयामि । तेन देवपादानामानृण्यमुपगच्छामि । चक्रो
my-valour I show. By that of Y. M.'s-feet debt acquittance I attain. The Chakravāka

ब्रूते । मैवं यदि बहिर्निःसृत्य योद्धव्यं तदा दुर्गाश्रयणमेव
says: Not thus! If out going to be fought, then to a fortress-resorting verily

निष्प्रयोजनं । अपरं च ।
(is) useless. Another and,

विषमो हि यथा नक्रः सलिलान्निर्गतो ऽवशः ।
Ferocious namely as an alligator from the water departed powerless,

वनाद्विनिर्गतः शूरः सिंहो ऽपि स्याच्छृगालवत् ॥१३५॥
from the wood away strayed the brave lion even would be jackal-like. (135)

देव स्वयं गत्वा दृश्यतां युद्धं । यतः ।
Sire, himself going let be seen the battle. For,

पुरस्कृत्य बलं राजा योधयेदवलोकयन् ।
Having placed in front the army a king should make (it) fight looking on,

स्वामिनाधिष्ठितः श्वापि किं न सिंहायते ध्रुवं ॥१३६॥
By the master superintended a dog even (what?) not does he act like a lion surely? (136)

अथ ते सर्वे दुर्गद्वारं गत्वा महाहवं कृतवंतः । अपरेद्यु-
Now they all to the fortress-gate having gone a great-battle made. The next-day

श्चित्रवर्णो राजा गृध्रमुवाच । तात स्वप्रतिज्ञातमधुना निर्वाहय ।
Chitravarna the king the vulture accosted: Father, thy-promise now carry out!

गृध्रो ब्रूते । देव शृणु तावत् ।
The vulture says: Sire, listen first,

अकालसहमत्यल्पं मूर्खव्यसनिनायकं ।
Not-long-holding out, very-small, by a *fool*-or knave-commanded,

अगुप्तं भीरुयोधं च दुर्गव्यसनमुच्यते ॥१३७॥
unprotected, with timid-warriors and,— a fortress'-blemish is called. (137)

तत्तावदत्र नास्ति । उपजापश्चिरारोधो ऽवस्कंदस्तीव्रपौरुषं ।
This then here not is. Rousing to rebellion, long-siege, assault, daring-bravery,

दुर्गस्य लंघनोपायाश्चत्वारः कथिता इमे ॥१३८॥
of a fortress conquering-ways *four* declared these. (138)

अत्र यथाशक्ति क्रियते यत्नः । कर्णे कथयति । एवमेव ।
Here according to-strength is made effort. Into the ear he says: Thus verily.

ततो ऽनुदित एव भास्करे चतुर्ष्वपि दुर्गद्वारेषु वृत्ते
Then, not-risen even (having) the sun, at the four also fortress-doors going on

युद्धे दुर्गाभ्यंतरगृहेष्वेकदा काकैरग्निर्निक्षिप्तः । ततो
the battle into the fortress'-interior-houses at once by the crows fire thrown. Then

गृहीतं गृहीतं दुर्गमिति कोलाहलं श्रुत्वा सर्वतः प्रदीप्ताग्निम्-
'taken, taken the fortress' thus a cry having heard from all sides, the blazing-fire

वलोक्य राजहंससैनिका दुर्गवासिनश्च सत्वरं ह्रदं प्रविष्टाः।
seeing the flamingo-soldiers, the fortress-inhabitants and with-haste the lake entered.

यतः। सुमंत्रितं सुविक्रांतं सुयुद्धं सुपलायितं।
For, Good-advice, good-valour, good-fighting, good-retreating

कार्यकाले यथाशक्ति कुर्यान्न तु विचारयेत् ॥१३९॥
at action-time according to-strength he should make, not however hesitate. (139)

राजहंसः स्वभावान्मंदगतिः सारसद्वितीयश्च चित्रवर्णस्य
The flamingo through his-nature slow-going by the Sárasa-accompanied and, by Chit.'s

सेनापतिना कुक्कुटेनागत्य वेष्टितः। हिरण्यगर्भः सारसमाह।
general the cock, having approached, surrounded. Hiranyagarbha to Sárasa says:

सारस सेनापते ममानुरोधादात्मानं कथं व्यापादयिष्यसि। त्वमधुना
Sárasa, general, for me through affection thyself why wilt thou kill! Thou now

गंतुं शक्तः। तत्कृत्वा जलं प्रविश। आत्मानं परिरक्ष। अस्मत्पुत्रं
to go able. That doing the water enter! Thyself preserve! My-son

चूडामणिनामानं सर्वज्ञसंमत्या राजानं करिष्यसि। सारसो ब्रूते।
Chûdâmani-named with Sarvajña's-concurrence king thou shalt make. Sárasa says:

देव न वक्तव्यमेवं दुःसहं वचः। यावच्चंद्रार्कौ
Sire, not to be spoken thus hard-to bear a word. As long as moon-and sun

दिवि तिष्ठतस्तावद्विजयतां देवः। अहं देव दुर्गाधिकारी।
in the sky stand, so long be victorious Y. M.! I, Sire, (am) fortress-commander.

मन्मांसासृग्विलिप्तेन द्वारवर्त्मना प्रविशतु शत्रुः।
On the with my-flesh-and blood-stained gate-way may enter the enemy!

अपरं च। दाता क्षमी गुणग्राही स्वामी दुःखेन लभ्यते।
Another and, A liberal, patient, virtue-appreciating master with difficulty is found;

राजाह। सत्यमेवैतत्। किंतु।
The king says: True certainly this; however,

शुचिर्दक्षोऽनुरक्तश्च जाने भृत्योऽपि दुर्लभः ॥१४०॥
An honest, expert, attached and, I know, attendant also hard-to be found. (140)

सारसो ब्रूते। शृणु देव। यदि समरमपास्य नास्ति मृत्यो-
Sârasa says: Listen, Sire, If battle avoiding not is of death

र्भयमिति युक्तमितो ऽन्यतः प्रयातुं।
fear, thus proper hence somewhere else to go;

अथ मरणमवश्यमेव जंतोः
Now death necessary indeed of a creature,

किमिति मुधा मलिनं यशः क्रियेत ॥१४१॥
why thus in vain soiled fame should be made? (141)

अन्यच्च। भवे ऽस्मिन्पवनोद्भ्रांतवीचिविभ्रमभंगुरे।
Another and, In world this like by wind-thrown up-waves'-undulation-perishable,

जायते पुण्ययोगेन परार्थे जीवितव्ययः ॥१४२॥
is produced by good works'-connection for another's-sake life-expenditure. (142)

स्वाम्यमात्यश्च राष्ट्रं च दुर्गं कोषो बलं सुहृत्।
A sovereign, a minister and, territory and, a fortress, a treasure, an army, an ally

राज्यांगानि प्रकृतयः पौराणां श्रेणयो ऽपि च ॥१४३॥
(are) a kingdom's-members, the elements; of the citizens the orders also and. (143)

देव त्वं च स्वामी सर्वथा रक्षणीयः। यतः।
Sire, thou and as sovereign wholly to be preserved. For,

प्रकृतिः स्वामिनं त्यक्त्वा समृद्धापि न जीवति।
A state the sovereign having lost prosperous even not does live.

अपि धन्वंतरिर्वैद्यः किं करोति गतायुषि ॥१४४॥
Even Dhanvantari the physician what does he for one with departed-life? (144)

अपरं च। नरेशे जीवलोको ऽयं निमीलति निमीलति।
Another and, The man-ruler mankind this closing the eyes closes the eyes;

उदेत्युदीयमाने च रवाविव सरोरुहं ॥१४५॥
it rises on (his) rising and, with the sun as the lotus. (145)

अथ कुक्कुटेनागत्य राजहंसस्य शरीरे खरतरनखा-
Now by the cock, having approached, on the flamingo's body with very sharp-spurs-

घातः कृतः। सत्वरमुपसृत्य सारसेन स्वदेहांतरितो राजा
onslaught made. With-haste coming up, by Sârasa with his own-body-covered the king

जले क्षिप्तः। अथ कुक्कुटैर्नखप्रहारजर्जरीकृतेन सारसेन
into the water thrown. Then by the cocks with spur-blows-torn asunder by the Sârasa

कुक्कुटसेना बहुशो हताः। पश्चात्सारसो ऽपि चंचुप्रहारेण
the cock-armies in great number slain. Afterwards the Sârasa also, by a beak-blow

विभिद्य व्यापादितः। अथ चित्रवर्णो दुर्गं प्रविश्य
having split (him), was killed. Then Chitravarṇa the fortress having entered,

दुर्गावस्थितं द्रव्यं ग्राहयित्वा वंदिभिर्जयशब्दैरा-
the in the fortress-being property having caused to be seized, by bards with victory-shouts

नंदितः स्वस्कंधावारं जगाम। अथ राजपुत्रैरुक्तं। तस्मिन्राजबले
saluted to his-camp marched. Now by the king's-sons said: In that king's-army

स पुण्यवान्सारस एव येन स्वदेहत्यागेन स्वामी
that one virtuous, the Sârasa verily, by whom with his own-body's-sacrifice the master

रक्षितः। उक्तं चैतत्।
saved. Said and this:

जनयंति सुतान्गावः सर्वा एव गवाकृतीन्।
There bring forth young ones cows all indeed ox-like,

विषाणोल्लिखितस्कंधं काचिदेव गवां पतिं ॥१४६॥
one (whose) horns-touch-(his) shoulders one only, of cattle a leader. (146)

विष्णुशर्मोवाच। स तावद्विद्याधरीपरिजनः स्वर्गसुखम-
Vishṇuśarman said: He then having Vidyâdharîs-as attendants heaven's-happiness

नुभवतु महासत्त्वः।
may enjoy of great-excellence.

तथा चोक्तं। आहवेषु च ये शूराः स्वाम्यर्थे त्यक्तजीविताः।
Thus and said: In battles and what heroes for the master's-sake sacrifice-life,

भर्तृभक्ताः कृतज्ञाश्च ते नराः स्वर्गगामिनः ॥१४७॥
to the master-devoted benefits-remembering and, these men to heaven-going. (147)

यत्र तत्र हतः शूरः शत्रुभिः परिवेष्टितः।
Wherever (is) slain a hero by enemies surrounded,

अक्षयाँल्लभते लोकान्यदि क्लैब्यं न गच्छति ॥१४८॥
imperishable he obtains worlds, if to unmanliness not he goes. (148)

अपरमप्येवमस्तु ।
Further also thus it be!

विग्रहः करितुरंगपत्तिभिर्नो कदापि भवतां महीभुजां ।
War by elephants-horses-foot soldiers not ever (be) of you kings!

नीतिमंत्रपवनैः समाहताः संश्रयंतु गिरिगह्वरं द्विषः ॥१४९॥
By policy-counsel's-winds struck may resort to a mountain-precipice enemies! (149)

॥ इति हितोपदेशे विग्रहो नाम तृतीयकथासंग्रहः समाप्तः ॥
Thus in the Hitopadeśa War by name the third-story-collection finished.

॥ अथ संधिः ॥

NOW CONCILIATION.

पुनः कथारंभकाले राजपुत्रैरुक्तं । आर्य विग्रहः श्रुतो
Again at story-commencement-time by the king's-sons said: Reverend Sir, War heard

ऽस्माभिः । संधिरधुनाभिधीयतां । विष्णुशर्मणोक्तं । श्रूयतां ।
by us. Conciliation now let be told! By Vishṇuśarman said: Be it heard!

संधिमपि कथयामि यस्यायमाद्यः श्लोकः ।
Conciliation also I tell, of which this the first verse:

वृत्ते महति संग्रामे राज्ञोर्निहतसेनयोः ।
Being ended the great battle, of the two kings with destroyed-armies

स्थेयाभ्यां गृध्रचक्राभ्यां वाचा संधिः कृतः क्षणात् ॥१॥
by the two umpires the vulture-and Chakra through eloquence peace made in a moment. (1)

राजपुत्रा ऊचुः । कथमेतत् । विष्णुशर्मा कथयति । ततस्तेन
The king's-sons said: How that? Vishṇuśarman relates: Then by that

राजहंसेनोक्तं । केनास्मद्दुर्गे निक्षिप्तो ऽग्निः किं पारक्येण किंवा-
flamingo said: By whom into our-fortress thrown fire, whether by an alien or

स्मद्दुर्गवासिना केनापि विपक्षप्रयुक्तेन । चक्रो ब्रूते ।
by our-fortress-inhabitant some one by the enemy-employed? The Chakravâka says:

देव भवतो निष्कारणबंधुरसौ मेघवर्णः सपरिवारो न दृश्यते
Sire, of you the without-motive-friend that Meghavarṇa with-attendants not is seen,

तन्मन्ये तस्यैव विचेष्टितमिदं । राजा क्षणं विचिंत्याह ।
therefore, I think, of him only the doing this. The king a moment having reflected says:

अस्ति तावदेव । मम दुर्दैवमेतत् । तथा चोक्तं ।
It is so verily. Of me the evil-fate this. Thus and said:

अपराधः स दैवस्य न पुनर्मंत्रिणामयं ।
The fault that of fate, not however of ministers this;

कार्यं सुचरितं क्वापि दैवयोगाद्विनश्यति ॥ २ ॥
a business well-designed somehow through fate's-juncture miscarries. (2)

मंत्री ब्रूते । उक्तमेवैतत् ।
The minister says: Said indeed this,

विषमां हि दशां प्राप्य दैवं गर्हयते नरः ।
Into an unhappy namely condition having come fate blames a man,

आत्मनः कर्मदोषांश्च नैव जानात्यपंडितः ॥ ३ ॥
of himself the action-faults and not indeed knows the unwise. (3)

अपरं च । सुहृदां हितकामानां यो वाक्यं नाभिनंदति ।
Another and, Of friends well-wishing who the word not regards,

स कूर्म इव दुर्बुद्धिः काष्ठाद्भ्रष्टो विनश्यति ॥ ४ ॥
he the tortoise as foolish from a stick fallen perishes. (4)

अन्यच्च । रक्षितव्यं सदा वाक्यं वाक्याद्भवति नाशनं ।
Another and, To be kept always speech, from speech arises ruin,

हंसाभ्यां नीयमानस्य कूर्मस्य पतनं यथा ॥ ५ ॥
by two geese being carried of a tortoise the fall as. (5)

राजाह । कथमेतत् । मंत्री कथयति । अस्ति मगधदेशे
The king says: How that? The minister relates: There is in the Magadha-country

फुल्लोत्पलाभिधानं सरः । तत्र चिरं संकटविकटनामानौ हंसौ
Phullotpala-named a pond. There long Sañkata-and Vikata-named two geese

निवसतः । तयोर्मित्रं कंबुग्रीवनामा कूर्मश्च प्रतिवसति । अथै-
dwell. Of them a friend Kambugriva-named a tortoise also near-dwells. Now

कदा धीवरैरागत्य तत्रोक्तं यदत्रास्माभिरद्योषित्वा
one day by fishermen having approached there said, that here by us, to-day having stayed,

प्रातर्मत्स्यकूर्मादयो व्यापादयितव्याः । तदाकर्ण्य कूर्मो
in the morning fishes-tortoises-&c. to be killed. Then having heard the tortoise

हंसावाह । सुहृदौ श्रुतोऽयं धीवरालापः । अधुना किं
the two geese accosts: Friends, heard this fishermen's-conversation. Now what

मया कर्तव्यं। हंसावाहतुः। ज्ञायतां पुनस्तावत्प्रातर्य-
by me to be done? The geese say: Let it be known however first; in the morning

दुचितं तत्कर्तव्यं। कूर्मो ब्रूते। नैवं यतो दृष्टव्यतिकरो
what proper that to be done. The tortoise says: Not so, for of evident-misfortune

ऽहमत्र। तथा चोक्तं।
I here. Thus and said:

अनागतविधाता च प्रत्युत्पन्नमतिस्तथा।
'For the future-preparing' and, 'At an emergency-thoughtful' likewise,

द्वावेतौ सुखमेधेते यद्भविष्यो विनश्यति ॥६॥
Both these happily prosper, 'What-will be' perishes. (6)

तावाहतुः। कथमेतत्। कूर्मः कथयति। पुरास्मिन्नेव सरस्येवंविधेषु
They both say: How that? The tortoise relates: Formerly in this very pond, such

धीवरेषूपस्थितेषु मत्स्यत्रयेणालोचितं। तत्रानागतविधाता
fishermen having approached by a fish-triad deliberated. There Anâgatavidhâtṛi

नामैको मत्स्यः। तेनालोचितं। अहं तावज्जलाशयांतरं गच्छामीत्यु-
by name one fish. By him reflected: 'I then to another-water-reservoir go' thus

क्त्वा हृदांतरं गतः। अपरेण प्रत्युत्पन्नमतिनाम्ना मत्स्येना-
having said to another-lake gone. By another Pratyutpannamati-named fish

भिहितं। भविष्यदर्थे प्रमाणाभावात्कुत्र मया गंतव्यं। तदु-
said: For a future-matter from authority-want where by me to be gone? Therefore

त्पन्ने यथाकार्यं तदनुष्ठेयं। तथा चोक्तं।
when it arises according to-right that to be executed. Thus and said:

उत्पन्नामापदं यस्तु समाधत्ते स बुद्धिमान्।
An arisen calamity who indeed repairs, he (is) wise;

वणिजो भार्यया जारः प्रत्यक्षे निह्नुतो यथा ॥७॥
by the merchant's wife the lover before the eyes disowned as. (7)

यद्भविष्यः पृच्छति। कथमेतत्। प्रत्युत्पन्नमतिः कथयति। पुरा
Yadbhavishya asks: How that? Pratyutpannamati relates: Formerly

विक्रमपुरे समुद्रदत्तो नाम वणिगस्ति। तस्य रत्नप्रभा
in Vikramapura Samudradatta by name a merchant was. Of him Ratnaprabhâ

नाम गृहिणी स्वसेवकेन सह सदा रमते। अथैकदा सा
by name the wife her-servant with always sports. Now once that

रत्नप्रभा तस्य सेवकस्य मुखे चुंबनं ददती समुद्रदत्तेना-
Ratnaprabhâ on that servant's mouth a kiss giving by Samudradatta (was)

वलोकिता। ततः सा बंधकी सत्वरं भर्तुः समीपं
perceived. Then that wanton woman with-haste of the husband near

गत्वाह। नाथ एतस्य सेवकस्य महती निर्वृत्तिः। यतो ऽयं
having gone says: Master, of this servant great impropriety; for he

चौरिकां कृत्वा कर्पूरं खादतीति मयास्य मुखमाघ्राय ज्ञातं।
theft making camphor eats, thus by me, of him the mouth having smelled, learnt.

तथा चोक्तं। आहारो द्विगुणः स्त्रीणामित्यादि। तच्छ्रुत्वा
Thus and said: The food (is) twofold of woman &c. This having heard

सेवकेन प्रकुप्योक्तं। नाथ यस्य स्वामिनो गृह एतादृशी
by the servant becoming angry said: Sir, in which master's house such a

भार्या तत्र सेवकेन कथं स्थातव्यं यत्र प्रतिक्षणं गृहिणी
wife, there by a servant how to be remained, where every minute the mistress

सेवकस्य मुखं जिघ्रति। ततो ऽसावुत्थाय चलितः साधुना
the servant's mouth smells? Then he rising departing by the merchant,

यत्नात्प्रबोध्य धृतः। अतो ऽहं ब्रवीमि। उत्पन्नामापदमित्यादि।
with difficulty having persuaded (him), kept. Therefore I say: An arisen calamity &c.

ततो यद्भविष्येणोक्तं। यदभावि न तद्भावि भावि चेन्न तदन्यथा।
Then by Yadbh. said: What not-to be, not that to be; to be if, not that otherwise,

इति चिंताविषघ्नो ऽयमगदः किं न पीयते॥८॥
thus reflexion-poison-destroying this medicine why not is drunk? (8)

ततः प्रातर्जालेन बद्धः प्रत्युत्पन्नमतिर्मृतवदात्मानं संदर्श्य
Then in the morning with the net caught Pratyutpannamati dead-like himself showing

स्थितः। ततो जालादपसारितो यथाशक्त्युत्प्लुत्य गभीरं
stood. Afterwards from the net away-thrown according to-strength up-leaping deep

नीरं प्रविष्टः। यद्भविष्यश्च धीवरैः प्राप्तो व्यापादितः।
water entered. Yadbhavishya and by the fishermen caught (was) killed.

अतो ऽहं ब्रवीमि । अनागतविधातेत्यादि । तद्यथाहमन्यह्रदं
Therefore I say: For the future-preparing &c. Then how I another-lake

प्राप्नोमि तथा क्रियतां । हंसावाहतुः । जलाशयांतरे प्राप्ते
reach, thus be acted! The geese say: Another-water-reservoir being reached

तव कुशलं स्थले गच्छतस्ते को विधिः । कूर्म आह ।
of thee welfare, on the dry land going of thee what means? The tortoise says:

यथाहं भवद्भ्यां सहाकाशवर्त्मना यामि तथा विधीयतां । हंसौ
How I with you together on the air-way go, thus be it arranged! The geese

ब्रूतः । कथमुपायः संभवति । कच्छपो वदति । युवाभ्यां चंचुधृतं
say: How an expedient is possible? The tortoise says: By you in the beaks-carried

काष्ठखंडमेकं मया मुखेनावलंब्य गंतव्यं । युवयोः पक्ष-
wood-piece one by me, with the mouth holding, to be gone. Of you through the

बलेन ममापि सुखेन गंतव्यं । हंसौ ब्रूतः । संभवत्येष
wing-strength by me also safely to be gone. The geese say: It is possible this

उपायः । किंतु
expedient. However,

उपायं चिंतयन्प्राज्ञो ह्यपायमपि चिंतयेत् ।
An expedient considering the wise namely calamity also should consider;

पश्यतो बकमूर्खस्य नकुलैर्भक्षिताः प्रजाः ॥ ९ ॥
of an onlooking crane-fool by ichneumons eaten the young ones. (9)

कूर्मः पृच्छति । कथमेतत् । तौ कथयतः । अस्त्युत्तरापथे
The tortoise asks: How that? They relate: There is on the north-road

गृध्रकूटनाम्नि पर्वते महान्पिप्पलवृक्षः । तत्रानेकबका निवसंति ।
on a Gridhrakûta-named mountain a large Pippala-tree. There several-cranes live.

तस्य वृक्षस्याधस्ताद्विवरे सर्पो बालापत्यानि खादति । अथ
Of that tree at the foot in a hole a serpent the young-offspring devours. Now

शोकार्तानां बकानां विलापं श्रुत्वा केनचिद्बकेनाभिहितं ।
of the sorrow-pained cranes the lamentation having heard by some crane said:

एवं कुरुत । यूयं मत्स्यानुपादाय नकुलविवरादारभ्य
Thus do! You fishes having taken, from an ichneumon's-hole beginning

सर्पविवरं यावत्पंक्तिक्रमेण विकिरत। ततस्तदाहारलुब्धैर्न-
the serpent's-hole up to in a line-series scatter (them)! Then for that-food-desirous

कुलैरागत्य सर्पो द्रष्टव्यः स्वभाववैराद्व्या-
by the ichneumons having approached the serpent to be seen, from their-nature's-enmity

पादयितव्यः। तथानुष्ठिते तद्वृत्तं। ततस्तत्र वृक्षे
to be killed. Thus (being) accomplished that happened. Then there on the tree

नकुलैर्बकशावकरावः श्रुतः। पश्चात्तैर्वृ-
by the ichneumons of the cranes'-young ones-the cry heard. Afterwards by them,

क्षमारुह्य बकशावकाः खादिताः। अत आवां ब्रूवः। उपायं
the tree having ascended the cranes'-young ones eaten. Therefore we say: An expedient

चिंतयन्नित्यादि। आवाभ्यां नीयमानं त्वामवलोक्य लोकैः किंचिद्-
considering &c. By us being carried thee having seen by the people something

वक्तव्यमेव। तदाकर्ण्य यदि त्वमुत्तरं दास्यसि तदा त्वन्मरणं।
to be said surely. That hearing if thou an answer wilt give, then of thee-death.

तत्सर्वथात्रैव स्थीयतां। कूर्मो वदति। किमहमप्राज्ञः।
Therefore wholly here verily be stood! The tortoise says: (What! am) I a fool?

नाहमुत्तरं दास्यामि। किमपि न वक्तव्यं। तथा-
Not I an answer shall give. Anything whatever not to be said. Thus (being)

नुष्ठिते तथाविधं कूर्ममालोक्य सर्वे गोरक्षकाः पश्चाद्धावंति वदंति
accomplished in such a state the tortoise seeing all cow-keepers after run say

च। कश्चिद्वदति। यद्ययं कूर्मः पतति तदात्रैव पक्त्वा
and; One says: If this tortoise falls, then here verily having cooked

खादितव्यः। कश्चिद्वदति। अत्रैव दग्ध्वा खादितव्योऽयं।
to be eaten. Another says: Here verily having roasted to be eaten that one.

कश्चिद्वदति। गृहं नीत्वा भक्षणीय इति। तद्वचनं श्रुत्वा
Somebody says: 'Home having carried to be eaten' thus. Their-word having heard

स कूर्मः कोपाविष्टो विस्मृतपूर्वसंस्कारः प्राह। युष्मा-
that tortoise with anger-filled having forgotten-the former-agreement says: 'By you

भिर्भस्म भक्षितव्यमिति वदन्नेव पतितस्तैर्व्यापादितश्च। अतोऽहं
ashes to be eaten' thus saying still fallen by them killed and. Therefore I

ब्रवीमि। सुहृदां हितकामानामित्यादि। अथ प्रणिधिर्बकस्तत्रागत्यो-
say: Of friends well-wishing &c. Now the spy, the crane, there having approached

वाच। देव प्रागेव मया निगदितं। दुर्गशोधनं हि प्रतिक्षणं
said: Sire, before indeed by me said: 'Fortress-clearance surely at-the instant

कर्तव्यमिति। तच्च युष्माभिर्न कृतं तदनवधानस्य फलम्-
to be made' thus. That and by you not done, therefore of disregard the fruit

नुभूतं। दुर्गदाहो मेघवर्णेन गृध्रप्रयुक्तेन
(is) experienced. The fortress-burning by Meghavarṇa, the by the vulture-employed

वायसेन कृतः। राजा निःश्वस्याह।
crow, made. The king sighing says:

प्रणयादुपकाराद्वा यो विश्वसिति शत्रुषु।
Through affection service or who confides in enemies,

स सुप्त इव वृक्षाग्रात्पतितः प्रतिबुध्यते ॥१०॥
he asleep as it were from a tree's-top fallen is awakened. (10)

प्रणिधिरुवाच। इतो दुर्गदाहं विधाय यदागतो मेघवर्णस्
The spy said: Hence, fortress-burning having effected, when arrived Meghavarṇa,

तदा चित्रवर्णेन प्रसादितेनोक्तं। अयं मेघवर्णो ऽत्र कर्पूरद्वीप-
then by Chitravarṇa gratified said: This Meghavarṇa here in Karpûradvîpa's-

राज्ये ऽभिषिच्यतां। तथा चोक्तं।
sovereignty let be anointed! Thus and said:

कृतकृत्यस्य भृत्यस्य कृतं नैव प्रणाशयेत्।
Of one (who has) done-his duty of a servant the deed not surely he should allow to perish;

फलेन मनसा वाचा दृष्ट्या चैनं प्रहर्षयेत् ॥११॥
with reward, mind, word, look and him he should gladden. (11)

चक्रवाको ब्रूते। ततस्ततः। प्रणिधिरुवाच। ततः प्रधानमंत्रिणा
The Chakravâka says: Then, then. The spy said: Then by the prime-minister

गृध्रेणाभिहितं। देव नेदमुचितं प्रसादांतरं किमपि क्रियतां।
the vulture said: Sire, not (is) this proper; another-favour whatever be bestowed!

यतः। अविचारयतो युक्तिकथनं तुषखंडनं।
For, To a not-reflecting arguments-telling (is) husk-grinding.

नीचेषूपकृतं राजन्वालुकास्विव मुद्रितं ॥१२॥
on the low benefit bestowed O king (is) on sands as it were impressed. (12)

महतामास्पदे नीचः कदापि न कर्तव्यः । तथा चोक्तं ।
Of the great in the station a low man ever not to be placed. Thus and said:

नीचः श्लाघ्यपदं प्राप्य स्वामिनं हंतुमिच्छति ।
A low one an honourable-place having attained the master to slay wishes;

मूषिको व्याघ्रतां प्राप्य मुनिं हंतुं गतो यथा ॥१३॥
A mouse a tiger's state having attained the saint to slay gone as. (13)

चित्रवर्णः पृच्छति । कथमेतत् । मंत्री कथयति । अस्ति गौतमस्य
Chitravarna asks: How that? The minister relates: There is in Gautama's

महर्षेस्तपोवने महातपा नाम मुनिः । तत्र तेन मुनिना
the great-Rishi's penance-wood Mahâtapas by name a saint. There by that saint

काकेन नीयमानो मूषिकशावको दृष्टः । ततः स्वभावदयात्मना
by a crow being carried a mouse's-young one seen. Then by nature-tender-minded

तेन मुनिना नीवारकणैः संवर्धितः । ततो बिडालस्तं मूषिकं
by that saint with rice-grains (it was) brought up. Afterwards a cat that mouse

खादितुमुपधावति । तमवलोक्य मूषिकस्तस्य मुनेः क्रोडे प्रविवेश ।
to eat runs near. That having seen the mouse that saint's bosom entered.

ततो मुनिनोक्तं । मूषिक त्वं मार्जारो भव । ततः स बिडालः
Then by the saint said: Mouse, thou a cat be! Then that cat

कुक्कुरं दृष्ट्वा पलायते । ततो मुनिनोक्तं । कुक्कुराद्बिभेषि
a dog seeing runs away. Then by the saint said: From the dog thou fearest,

त्वमेव कुक्कुरो भव । स च कुक्कुरो व्याघ्राद्बिभेति । ततस्तेन
thou thyself a dog be! That and dog of the tiger is afraid. Therefore by that

मुनिना कुक्कुरो व्याघ्रः कृतः । अथ तं व्याघ्रं मुनिर्मूषिको
saint the dog a tiger made. Now upon that tiger the saint 'a mouse

ऽयमिति पश्यति । अथ तं मुनिं दृष्ट्वा व्याघ्रं च सर्वे वदंति ।
this' thus looks. Then that saint seeing the tiger and, all say:

अनेन मुनिना मूषिको व्याघ्रतां नीतः । एतच्छ्रुत्वा स
By this saint the mouse to a tiger's-state led. This having heard that

व्याघ्रो ऽचिंतयत् । यावदनेन मुनिना स्थातव्यं तावदिदं मे
tiger reflected : As long as by this saint to be remained, so long this of my

स्वरूपाख्यानमकीर्तिकरं न पलायिष्यते । इत्यालोच्य मूषिकस्तं
original-form-story disgrace-causing not will go away. Thus reflecting the mouse that

मुनिं हंतुं गतः । ततो मुनिना तज्ज्ञात्वा पुनर्मूषिको
saint to kill went. Then by the saint that having perceived 'again a mouse

भवेत्युक्त्वा मूषिक एव कृतः । अतो ऽहं ब्रवीमि । नीचः
be!' thus having said, a mouse indeed made. Therefore I say : A low one

श्लाघ्यपदमित्यादि । अपरं च । सुकरमिदमिति न
an honourable-place &c. Further and : 'Easy-to be done this' thus not

मंतव्यं । शृणु ।
to be thought. Listen,

भक्षयित्वा बहून्मत्स्यानुत्तमाधममध्यमान् ।
Having eaten many fishes best-worst-middling,

अतिलोभाद्बकः पश्चान्मृतः कर्कटकग्रहात् ॥१४॥
from excessive-greediness a crane afterwards died through a crab's-gripe. (14)

चित्रवर्णः पृच्छति । कथमेतत् । मंत्री कथयति । अस्ति मालवदेशे
Chitravarṇa asks : How that? The minister relates : There is in the Mâlava-country

पद्मगर्भनामधेयं सरः । तत्रैको वृद्धो बकः सामर्थ्यहीन उद्विग्नमि-
Padmagarbha-named a pool. There one old crane of strength-deprived, distressed

वात्मानं दर्शयित्वा स्थितः । स च केनचित्कुलीरेण दृष्टः पृष्टश्च ।
as if, himself showing stood. He and by some crab seen asked and :

किमिति भवानत्राहारत्यागेन तिष्ठति । बकेनोक्तं । मत्स्या मम
Why thus you here with food-abandonment stay? By the crane said : Fishes of me

जीवनहेतवः । ते कैवर्तैरागत्य व्यापादयितव्या इति वार्ता
the life-means. 'They by fishermen, having approached, to be killed' thus a report

नगरोपांते मया श्रुता । अतो वर्तनाभावादेवा-
in the town's-neighbourhood by me heard. Therefore 'from livelihood-want surely

स्मन्मरणमुपस्थितमिति ज्ञात्वाहारे ऽप्यनादरः कृतः । ततो
our-death approached' thus having perceived for food also disregard made. Then

मत्स्यैरालोचितं। इह समये तावदुपकारक एवायं
by the fishes considered: Here on the occasion then as a benefactor verily this one

लक्ष्यते। तदयमेव यथा कर्तव्यं पृच्छ्यतां। तथा चोक्तं।
is seen. Then he even, how to be acted, be asked! Thus and said:

उपकर्त्रारिणा संधिर्न मित्रेणापकारिणा।
With an assisting enemy alliance, not with a friend injuring;

उपकारापकारौ हि लक्ष्यं लक्षणमेतयोः॥१५॥
assistance-and injury *for* to be marked as the mark of these two. (15)

मत्स्या ऊचुः। भो बक को ऽत्र रक्षणोपायः। बको ब्रूते।
The fishes said: Ho crane, what here safety-means? The crane says:

अस्ति रक्षणोपायो जलाशयांतराश्रयणं। तत्राहमेकैकशो
There is a safety-means to another-water-reservoir-resorting. There I one-by one

युष्मान्नयामि। मत्स्या आहुः। एवमस्तु। ततो ऽसौ बकस्तान्
you carry. The fishes say: Thus be it! Then that crane those

मत्स्यानेकैकशो नीत्वा खादति। अनंतरं कुलीरस्तमुवाच। भो बक
fishes one-by one carrying eats. Thereupon the crab him accosted: O crane,

मामपि तत्र नय। ततो बको ऽप्यपूर्वकुलीरमांसार्थी सादरं
me also there carry! Then the crane also for the new-crab-flesh-longing with-care

तं नीत्वा स्थले धृतवान्। कुलीरो ऽपि मत्स्यकंटकाकीर्णं
him carrying on dry land kept (him). The crab also with fish-bones-covered

तत्स्थलमालोक्याचिंतयत्। हा हतो ऽस्मि मंदभाग्यः। भवतु।
that-place seeing reflected: Alas, slain I am miserable-fated. Be it!

इदानीं समयोचितं व्यवहरिष्यामि। इत्यालोच्य कुलीरस्तस्य ग्रीवां
Now to the occasion-suitably I shall behave. Thus considering the crab of him the throat

चिच्छेद। स बकः पंचत्वं गतः। अतो ऽहं ब्रवीमि। भक्षयित्वा
cut. That crane to death gone. Therefore I say: Having eaten

बहून्मत्स्यानित्यादि। ततश्चित्रवर्णो ऽवदत्। शृणु तावन्मंत्रिन्। मयै-
many fishes &c. Then Chitravarṇa said: Listen first, minister! By me

तदालोचितमस्ति। अत्रावस्थितेन मेघवर्णेन राज्ञा यावंति वस्तूनि
this considered is. Here remaining by Meghavarṇa as king as many things

कर्पूरद्वीपस्योत्तमानि तावदस्माकमुपनेतव्यानि । तेनास्माभिर्म-
of Karpûradvîpa excellent, so many to us to be conveyed. Thereby by us

हासुखेन विंध्याचले स्थातव्यं । दूरदर्शी विहस्याह । देव ।
with great-comfort on the Vindhya-mountain to be dwelt. Dûradarśin smiling says: Sire,

अनागतवतीं चिंतां कृत्वा यस्तु प्रहृष्यति ।
Not-having come to pass a design having made who however rejoices,

स तिरस्कारमाप्नोति भग्नभांडो द्विजो यथा ॥१६॥
he disgrace incurs, with broken-vessels the Brâhman as. (16)

राजाह । कथमेतत् । मंत्री कथयति । अस्ति देवीकोट्टनाम्नि
The king says: How that? The minister relates: There is in the Devîkoṭṭa-named

नगरे देवशर्मा नाम ब्राह्मणः । तेन महाविषुवत्संक्रांत्यां
town Devaśarman by name a Brâhman. By him at the great-equinox-passage

सक्तुपूर्णशराव एकः प्राप्तः । तमादायासौ कुंभकारस्य भांड-
with meal-filled-dish one received. That having taken he in a potter's with vessels-

पूर्णमंडपैकदेशे रौद्रेणाकुलितः सुप्तः । ततः सक्तुरक्षार्थं
filled-shed-corner by heat oppressed fallen asleep. Then for meal-protection-sake

हस्ते दंडमेकमादायाचिंतयत् । यद्यहं सक्तुशरावं विक्रीय
in the hand stick one having taken he reflected: If I the meal-dish having sold

दश कपर्दकान्प्राप्स्यामि तदात्रैव तैः कपर्दकैर्घटशरावादिकमु-
ten cowries shall receive, then here just with those cowries pots-dishes-&c.

पक्रीयानेकधा वृद्धैस्तद्धनैः पुनः पुनः पूगवस्त्रादिकमु-
having bought, with manifoldly increased those-monies again again betel nuts-clothes-&c.

पक्रीय विक्रीय लक्षसंख्यानि धनानि कृत्वा विवाहचतुष्टयं
having bought, having sold, by Lacs-numbered riches having made, four-marriages

करिष्यामि । अनंतरं तासु सपत्नीषु रूपयौवनवती या
shall make. Afterwards among those wives with beauty-and youth endowed who,

तस्यामधिकानुरागं करिष्यामि । सपत्न्यो यदा द्वंद्वं करिष्यंति
on her excessive-affection I shall bestow. The rival wives if quarrel shall make,

तदा कोपाकुलोऽहं ता लगुडेन ताडयिष्यामीत्यभिधाय
then with anger-overwhelmed I them with a stick shall beat, thus saying

लगुडः क्षिप्तः । तेन सक्तुशरावश्चूर्णितो भांडानि बहूनि भग्नानि ।
the stick (was) thrown. By that the meal-dish smashed, vessels many broken.

ततस्तेन शब्देनागतेन कुंभकारेण तथाविधानि भांडान्यवलोक्य
Then upon that noise approached by the potter, in such a state the vessels having seen,

ब्राह्मणस्तिरस्कृतो मंडपाद्बहिष्कृतश्च । अतो ऽहं ब्रवीमि । अना-
the Brâhman scolded from the shed ejected and. Therefore I say: Not-having

गतवतीं चिंतामित्यादि । ततो राजा रहसि गृध्रमुवाच । तात
come to pass a design &c. Then the king in private the vulture accosted: Father,

यथा कर्तव्यं तथोपदिश । गृध्रो ब्रूते ।
as to be acted, thus advise! The vulture says:

मदोद्धतस्य नृपतेः संकीर्णस्येव दंतिनः ।
Of a pride-inflated man-ruler, of an intoxicated as elephant

गच्छंत्युन्मार्गयातस्य नेतारः खलु वाच्यतां ॥१७॥
incur of the wrong-ways-going the leaders surely censure. (17)

शृणु देव । किमस्माभिर्बलदर्पाद्दुर्गं भग्नं
Listen, Sire! (What? was) by us through the forces'-prowess the fortress broken, (or)

न किंतु तव प्रतापाधिष्ठितेनोपायेन । राजाह ।
not rather through a by thy excellence-directed expedient? The king says:

भवतामुपायेन । गृध्रो ब्रूते । यद्यस्मद्वचनं क्रियते तदा
Through your expedient. The vulture says: If our-word is done, then

स्वदेशो गम्यतां । अन्यथा वर्षाकाले प्राप्ते पुनर्विग्रहे
our own-country let be gone to! Otherwise the rainy-season having arrived, again war

सत्यस्माकं परभूमिष्ठानां स्वदेशगमनमपि दुर्लभं
being, of us in foreign-country-staying to our own-country-marching even difficult

भविष्यति । सुखशोभार्थं संधाय गम्यतां । दुर्गं
will be. For comfort's-and glory's-sake having made peace let be gone! The fortress (is)

भग्नं कीर्तिश्च लब्धैव । मम संमतं तावदेतत् ।
broken, fame and gained already. Of me the opinion at least this.

यतः । यो हि धर्मं पुरस्कृत्य हित्वा भर्तुः प्रियाप्रिये ।
For, Who namely duty preferring, disregarding the master's liking-and disliking,

अप्रियाण्याह तथ्यानि तेन राजा सहायवान् ॥ १८ ॥
disagreeable tells truths, through him (is) a king companion-endowed. (18)

अन्यच्च । सुहृद्बलं तथा राज्यमात्मानं कीर्तिमेव च ।
Another and, A friend-army, likewise a kingdom, himself, glory even and,

युधि संदेहदोलास्थं को हि कुर्यादबालिशः ॥ १९ ॥
in battle on uncertainty's-swing-standing who namely would make not-foolish? (19)

अपरं च । संधिमिच्छेत्समेनापि संदिग्धो विजयो युधि ।
Another and, Peace he should wish with an equal even, uncertain (is) victory in battle.

सुंदोपसुंदावन्योन्यं नष्टौ तुल्यबलौ न किं ॥ २० ॥
Sunda-and Upasunda by one-another destroyed of equal-strength (were they) not (what?). (20)

राजोवाच । कथमेतत् । मंत्री कथयति । पुरा दैत्यौ महोदारौ
The king said: How that? The minister relates: Formerly two giants of great might

सुंदोपसुंदनामानौ महता क्लेशेन त्रैलोक्यकामनया चिराच्चं-
Sunda-and Upasunda-named - with great pain through three-worlds'-desire since long

द्रशेखरमाराधितवंतौ । ततस्तयोर्भगवान्परितुष्टो वरं
the moon-crested (Siva) had worshipped. Then with them His Holiness pleased 'a boon

वरयतमित्युवाच । अनंतरं तयोः समाधिस्थितया सरस्वत्या ताव-
choose!' thus said. Thereupon of them in meditation-standing by Sarasvati those two

न्यद्वक्तुकामावन्यदभिहितवंतौ । यद्यावयोर्भगवान्परितुष्टस्तदा स्वप्रि-
one thing-to say-desiring another said: If with us His Holiness pleased, then his-beloved

यां पार्वतीं परमेश्वरो ददातु । अथ भगवता क्रुद्धेन वर-
wife Pârvatî the supreme-lord may give! Now by His Holiness angry through boon-

दानस्यावश्यकतया विचारमूढयोः पार्वती प्रदत्ता । ततस्तस्या रूप-
giving's necessity to the thought-perplexed ones Pârvatî (was) given. Then of her beauty-

लावण्यलुब्धाभ्यां जगद्घातिभ्यां मनसोत्सुकाभ्यां पापतिमिराभ्यां
and loveliness-desirous by the two world-destroyers in mind longing by sin-darkened,

ममेत्यन्योन्यकलहाभ्यां प्रमाणपुरुषः कश्चित्पृच्छ्यतामिति
'mine' thus with one-another-quarrelling, 'authority-man some let be asked' thus

मतौ कृतायां स एव भट्टारको वृद्धद्विजरूपः समागत्य
opinion being made, that very deity in an old-Brâhman's-form having come near

तत्रोपस्थितः। अनंतरमावाभ्यामियं स्वबललब्धा
there approached. Afterwards 'By us two this one through our own-strength-obtained,

कस्येयमावयोर्भवतीति ब्राह्मणमपृच्छतां। ब्राह्मणो ब्रूते।
of whom she of us two is?' thus the Brâhman they asked. The Brâhman says:

वर्णश्रेष्ठो द्विजः पूज्यः क्षत्रियो बलवानपि।
By caste-the best a Brâhman to be honoured, a Kshatriya strength possessing also,

धनधान्याधिको वैश्यः शूद्रस्तु द्विजसेवया ॥२१॥
in wealth-and grain-excelling a Vaiśya, the Sûdra however for the twice-borns'-service. (21)

तत्क्षत्रधर्मानुगौ युद्ध एव युवयोर्नियम इत्य-
Therefore the Kshatriyas'-duties-following for war only of you obligation, thus

भिहिते सति साधूक्तमनेनेति कृत्वान्योन्यतुल्यवीर्यौ
declared being, 'well spoken by him' thus doing, to one-another-of equal-strength

समकालमन्योन्यघातेन विनाशमुपगतौ। अतो ऽहं ब्रवीमि।
at the same-time by a mutual-blow to destruction went. Therefore I say:

संधिमिच्छेत्समेनापीत्यादि। राजाह। प्रागेव किं नोक्तं
Peace he should wish with an equal even &c. The king says: Before already why not spoken

भवद्भिः। मंत्री ब्रूते। मद्वचनं किमवसानपर्यंतं श्रुतं भवद्भिः।
by you? The minister says: My-word (what? was it) unto the end heard by you?

तदापि मम संमत्या नायं विग्रहारंभः। साधुगुणयुक्तो
Then also of me with the approval not this war-commencement. With good-qualities-endowed

ऽयं हिरण्यगर्भो न विग्राह्यः। तथा चोक्तं।
this Hiranyagarbha not to be made war upon. Thus and said:

सत्यार्यौ धार्मिको ऽनार्यो भ्रातृसंघातवान्बली।
The truthful-noble, just, ignoble, of brothers'-numbers possessing, strong,

अनेकयुद्धविजयी संधेयाः सप्त कीर्तिताः ॥२२॥
the in many-battles-victorious, to be conciliated seven (are) declared. (22)

सत्यो ऽनुपालयेत्सत्यं संधितो नैति विक्रियां।
The truthful will observe truth; allied not does he go to change;

प्राणबाधे ऽपि सुव्यक्तमार्यो नायात्यनार्यतां ॥२३॥
In life-destruction even very-manifestly the noble not descends to ignobility. (23)

धार्मिकस्याभियुक्तस्य सर्व एव हि युध्यते ।
For the just (being) attacked everyone even truly fights,

प्रजानुरागाद्धर्माच्च दुःखोच्छेद्यो हि धार्मिकः ॥ २४ ॥
because of the subjects'-affection justice and with difficulty-to be destroyed surely (is) the just. (24)

संधिः कार्यो ऽप्यनार्येण विनाशे समुपस्थिते ।
Alliance to be made also with the ignoble, destruction (having) approached;

विना तस्याश्रयेणान्यः कुर्यान्न कालयापनं ॥ २५ ॥
without his assistance the other should make not time-wasting. (25)

संहतत्वाद्यथा वेणुर्निबिडः कंटकैर्वृतः ।
Because of the compactness as a bamboo thick by thorns surrounded

न शक्यते समुच्छेत्तुं भ्रातृसंघातवांस्तथा ॥ २६ ॥
not can be split, the of brothers'-numbers possessing thus. (26)

बलिना सह योद्धव्यमिति नास्ति निदर्शनं ।
'The strong with to be fought' thus not is an ordinance,

प्रतिवातं न हि घनः कदाचिदुपसर्पति ॥ २७ ॥
against-the wind not namely a cloud ever goes. (27)

जमदग्नेः सुतस्येव सर्वः सर्वत्र सर्वदा ।
Of Jamadagni's son (Paraśu-râma) as, everyone everywhere at every time

अनेकयुद्धजयिनः प्रतापादेव भुज्यते ॥ २८ ॥
of the in many-battles-victorious through the splendour already is bowed down. (28)

अनेकयुद्धविजयी संधानं यस्य गच्छति ।
The in many-battles-victorious into the alliance of whom goes,

तत्प्रतापेन तस्याशु वशमायांति शत्रवः ॥ २९ ॥
through his-splendour of him quickly into the power go enemies. (29)

तत्र तावद्बहुभिर्गुणैरुपेतः संधेयो ऽयं राजा ॥
There then with many virtues endowed to be conciliated this king.

चक्रवाको ऽवदत् । प्रणिधे सर्वमवगच्छ । सर्वमवगतं । गत्वा
The Chakravâka said: Spy, everywhere go! All (is) understood. Having gone

पुनरागमिष्यसि । राजा चक्रवाकं पृष्टवान् । मंत्रिन्नसंधेयाः
again thou wilt come back. The king the Chakravâka asked: Minister, not-to be conciliated

कति । तान्श्रोतुमिच्छामि । मंत्री ब्रूते । देव कथयामि । शृणु ।
how many? Them to hear I desire. The minister says: Sire, I tell. Listen:

बालो वृद्धो दीर्घरोगी तथा ज्ञातिबहिष्कृतः ।
A child, an old man, a long-diseased, likewise one by his relations-spurned,

भीरुको भीरुजनको लुब्धो लुब्धजनस्तथा ॥ ३० ॥
the timid, one with timid-men, the covetous, one with covetous-men likewise; (30)

विरक्तप्रकृतिश्चैव विषयेष्वतिसक्तिमान् ।
one with disloyal-officers and likewise, one to pleasures over-attached,

अनेकचित्तमंत्रस्तु देवब्राह्मणनिंदकः ॥ ३१ ॥
one of many-opinions-in (his) counsels surely, of gods-and Brâhmans-the reviler; (31)

दैवोपहतकश्चैव तथा दैवपरायणः ।
one by fate-stricken and equally, likewise one to fate-only trusting,

दुर्भिक्षव्यसनोपेतो बलव्यसनसंकुलः ॥ ३२ ॥
one with famine-distress-overwhelmed, one by (his) army's-disorder-embarrassed; (32)

अदेशस्थो बहुरिपुर्युक्तः कालेन यश्च न ।
the not-in (his) place-staying, many-enemies having, ready in time who and not,

सत्यधर्मव्यपेतश्च विंशतिः पुरुषा अमी ॥ ३३ ॥
one from truth-and duty-departing and, twenty men these; (33)

एतैः संधिं न कुर्वीत विगृह्णीयात्तु केवलं ।
with these alliance not should he make, he should fight (them) on the contrary only,

एते विगृह्यमाणा हि क्षिप्रं यांति रिपोर्वशं ॥ ३४ ॥
these fought against namely quickly go into the enemy's power. (34)

बालस्याल्पप्रभावत्वान्न लोको योद्धुमिच्छति ।
For a child because of the small-weight not the world to fight desires,

युद्धायुद्धफलं यस्माज्ज्ञातुं शक्तो न बालिशः ॥ ३५ ॥
of fighting-and not fighting-the result because to appreciate able not a child. (35)

उत्साहशक्तिहीनत्वाद्वृद्धो दीर्घामयस्तथा ।
Because of exertion-power's-want an old man, one long-diseased likewise

स्वैरेव परिभूयेते द्वावप्येतावसंशयं ॥ ३६ ॥
by their own (people) even are contemned both together these without-doubt. (36)

सुखोच्छेद्यो हि भवति सर्वज्ञातिबहिष्कृतः ।
Easily-to be destroyed surely is one by all-relations-spurnt,

त एवैनं विनिघ्नंति ज्ञातयस्त्वात्मसात्कृताः ॥३७॥
they surely him destroy relations, forsooth, his own-made. (37)

भीरुर्युद्धपरित्यागात्स्वयमेव प्रणश्यति ।
The timid through battle-avoiding of himself already perishes;

तथैव भीरुपुरुषः संग्रामे तैर्विमुच्यते ॥३८॥
thus equally one with timid-men, in battle by them is forsaken. (38)

लुब्धस्यासंविभागित्वान्न युध्यंते ऽनुयायिनः ।
For the covetous because of non-distribution not fight the followers;

लुब्धानुजीविकैरेष दानभिन्नैर्निहन्यते ॥३९॥
by covetous-attendants he by of gift-deprived is slain. (39)

संत्यज्यते प्रकृतिभिर्विरक्तप्रकृतिर्युधि ।
There is abandoned by the officers one with disloyal-officers in battle;

सुखाभियोज्यो भवति विषयेष्वतिसक्तिमान् ॥४०॥
easy-to be defeated is one to pleasures over-attached. (40)

अनेकचित्तमंत्रस्तु भेद्यो भवति मंत्रिणा ।
One of many-opinions-in (his) counsels surely to be destroyed is by a minister,

अनवस्थितचित्तत्वात्कार्यतः स उपेक्ष्यते ॥४१॥
because of (his) unfixed-mindedness in action he is disregarded. (41)

सदा धर्मबलीयस्त्वाद्देवब्राह्मणनिंदकः ।
Always because of religion's-superiority of gods-and Brâhmans-the reviler,

विशीर्यते स्वयं ह्येष दैवोपहतकस्तथा ॥४२॥
fades away of himself surely he, the by fate-stricken likewise. (42)

संपत्तेश्च विपत्तेश्च दैवमेव हि कारणं ।
'Of success and, of failure and, fate only surely the cause,'

इति दैवपरो ध्यायन्नात्मानमपि चेष्टते ॥४३॥
thus the to fate-(only) trusting thinking not himself also exerts. (43)

दुर्भिक्षव्यसनी चैव स्वयमेव विषीदति ।
One with famine-distressed and surely of himself already sinks;

बलव्यसनयुक्तस्य योद्धुं शक्तिर्न जायते ॥ ४४ ॥
of one with army's-disorder-embarrassed to fight strength not arises. (44)

अदेशस्थो हि रिपुणा स्वल्पकेनापि हन्यते ।
One not-in (his) place-staying surely by an enemy a very-small one even is slain;

ग्राहो ऽल्पीयानपि जले गजेंद्रमपि कर्षति ॥ ४५ ॥
an alligator very small even in water an elephant-chief even overpowers. (45)

बहुशत्रुस्तु संत्रस्तः श्येनमध्ये कपोतवत् ।
The many-enemies having surely frightened in the hawks'-midst pigeon-like

येनैव गच्छति पथा तेनैवाशु विपद्यते ॥ ४६ ॥
on which verily he goes way, on that verily quickly he perishes. (46)

अकालसैन्ययुक्तस्तु हन्यते कालयोधिना ।
One untimely-with an army-united forsooth is slain by one in season-fighting,

कौशिकेन हतज्योतिर्निशीथ इव वायसः ॥ ४७ ॥
by the owl with destroyed-eyes at midnight as the crow. (47)

सत्यधर्मव्यपेतेन संदध्यान्न कदाचन ।
With one from truth-and duty-departing he should ally himself not ever.

स संधितो ऽप्यसाधुत्वादचिराद्याति विक्रियां ॥ ४८ ॥
he allied even because of (his) improbity in no-long time goes to change. (48)

अपरमपि कथयामि । संधिविग्रहयानासनसंश्रयद्वैधीभावाः
Another also I tell: Uniting-fighting-marching-halting-junction-dividing (are)

षाड्गुण्यं । कर्मणामारंभोपायः पुरुषद्रव्यसंपद्दे-
six-qualities. Of operations a commencement-expedient, of men-and materials-good state,

शकालविभागो विनिपातप्रतीकारः कार्यसिद्धिश्च
of place-and time-division, a disaster's-remedy, action's-accomplishment and (is)

पंचांगो मंत्रः । सामदानभेददंडाश्चत्वार उपायाः । उत्साह-
five-membered counsel. Negotiation-bribery-disuniting-open attack four means. Exertion-

शक्तिर्मंत्रशक्तिः प्रभुशक्तिश्चेति शक्तित्रयं । एतत्सर्वमा-
power, counsel-power, a sovereign's-power and, thus power-tried. This all

लोच्य नित्यं विजिगीषवो भवंति महांतः ।
having considered constantly going to conquer are the great.

या हि प्राणपरित्यागमूल्येनापि न लभ्यते ।
Which namely for life-sacrifice's-price even not is obtained,

सा श्रीर्नीतिविदां पश्य चंचलापि प्रधावति ॥४९॥
that fortune of the policy-knowers, behold, fickle though, runs near. (49)

तथा चोक्तं । वित्तं यदा यस्य समं विभक्तं
Thus and said, Wealth when of whom equally distributed,

गूढश्चरः संनिभृतश्च मंत्रः ।
a secret spy, concealed and counsel,

न चाप्रियं प्राणिषु यो ब्रवीति
not and unkind (words) unto the living who says,

स सागरांतां पृथिवीं प्रशास्ति ॥५०॥
he the ocean-bounded earth rules. (50)

किंतु यद्यपि महामंत्रिणा गृध्रेण संधानमुपन्यस्तं तथापि
However if also by the great-minister the vulture peace proposed thus even

तेन राज्ञा संप्रति भूतजयदर्पान्न मंतव्यं । देव
by that king now through the present-victory's-pride not to be thought. Sire,

तदेवं क्रियतां । सिंहलद्वीपस्य महाबलो नाम सारसो राजा-
this thus let be done! Of Siṁhaladvīpa Mahâbala by name the Sârasa, the king

स्मन्मित्रं जंबुद्वीपे कोपं जनयतु । यतः ।
our-friend in Jambu-dvîpa a disturbance may raise! For,

सुगुप्तमाधाय सुसंहतेन बलेन वीरो विचरन्नरातिं ।
Great-secrecy practising with a well-composed force a hero marching an enemy

संतापयेद्येन समं सुतप्तस्तप्तेन संधानमुपैति तप्तः ॥५१॥
should harass, in order that equally well-harassed with the harassed an alliance enters the harassed. (51)

राज्ञैवमस्त्विति निगद्य विचित्रनामा बकः सुगुप्तलेखं
By the king 'so be it' thus having said Vichitra-named a crane, a well-concealed-letter

दत्त्वा सिंहलद्वीपं प्रहितः । अथ प्रणिधिरागत्योवाच ।
having given to Siṁhaladvîpa despatched. Now the spy having approached said:

देव श्रूयतां तत्रत्यप्रस्तावः । एवं तत्र गृध्रेणोक्तं ।
Sire, let be listened to the there-transaction! Thus there by the vulture said:

यथैव मेघवर्णस्तत्र चिरमुषितः स वेत्ति किं संधेय-
'As, Sire, Meghavarṇa there long sojourned, he knows, whether of one to be

गुणयुक्तो हिरण्यगर्भो न वेति। ततोऽसौ राज्ञा
conciliated-with the qualities-endowed Hir. not or' thus. Then he by the king,

समाहूय पृष्टः। वायस कीदृशोऽसौ हिरण्यगर्भश्चक्रवाको
having called (him), asked: Crow, what like (is) that Hiraṇyagarbha, Chakravâka

मंत्री वा कीदृशः। वायस उवाच। देव हिरण्यगर्भो राजा
the minister or what like? The crow said: Sire, Hiraṇyagarbha the king (is)

युधिष्ठिरसमो महाशयश्चक्रवाकसमो मंत्री न क्वाप्यवलोक्यते।
Yudhishṭhira-like of noble-mind, Chakravâka-like a minister not anywhere is seen.

राजाह। यद्येवं तदा कथमसौ त्वया वंचितः। विहस्य मेघवर्णः
The king says: If thus, then how he by thee deceived? Smiling Meghavarṇa

प्राह। देव।
said: Sire,

विश्वासप्रतिपन्नानां वंचने का विदग्धता।
Of the with confidence-endued in the deception what cleverness?

अंकमारुह्य सुप्तं हि हत्वा किं नाम पौरुषं॥५२॥
The lap having ascended one asleep for having slain what namely manliness? (52)

शृणु देव। तेन मंत्रिणाहं प्रथमदर्शन एव ज्ञातः किंतु
Listen, Sire: By that minister I at first-sight already detected; however

महाशयोऽसौ राजा तेन मया विप्रलब्धः। तथा चोक्तं।
noble-minded (is) that king, therefore by me deceived. Thus and said:

आत्मौपम्येन यो वेत्ति दुर्जनं सत्यवादिनं।
By with himself-comparison who considers the wicked as truth-speaking,

स तथा वंच्यते धूर्तैर्ब्राह्मणश्छागतो यथा॥५३॥
he thus is cheated by knaves the Brâhman with regard to the goat as. (53)

राजोवाच। कथमेतत्। मेघवर्णः कथयति। अस्ति गौतमस्यारण्ये
The king said: How that? Meghavarṇa relates: There was in Gautama's forest

प्रस्तुतयज्ञः कश्चिद्ब्राह्मणः। स च यज्ञार्थं
having undertaken-a sacrifice some Brâhman. He and for the sacrifice's-sake

ग्रामांतराच्छागमुपक्रीय स्कंधे नीत्वा गच्छन्
from another-village a goat having bought on the shoulder carrying (it) going

धूर्तत्रयेणावलोकितः। ततस्ते धूर्ता यद्येष च्छागः केनाप्युपायेन
by a knave-triad perceived. Then those knaves, 'if that goat by some stratagem

लभ्यते तदा मतिप्रकर्षो भवतीति समालोच्य वृक्षत्रयतले
is obtained, then wit-superiority is' thus having reflected, at a tree-triad's-foot

क्रोशांतरेण तस्य ब्राह्मणस्यागमनं प्रतीक्ष्य पथि स्थिताः।
in a Krośa's-interval of that Brâhman the approach expecting, by the way stood.

तत्रैकेन धूर्तेन गच्छन्स ब्राह्मणो ऽभिहितः। भो ब्राह्मण
There by one knave going that Brâhman accosted: Ho, Brâhman,

किमिति कुक्कुरः स्कंधेनोह्यते। विप्रेणोक्तं। नायं श्वा
why thus a dog on the shoulder is carried? By the sage said: Not this a dog,

किंतु यज्ञच्छागः। अथानंतरस्थितेनान्येन धूर्तेन तथैवोक्तं।
but a sacrifice-goat. Now by the further on-standing other knave thus likewise said.

तदाकर्ण्य ब्राह्मणश्छागं भूमौ निधाय मुहुर्नि-
That having heard the Brâhman the goat on the ground having laid, repeatedly

रीक्ष्य पुनः स्कंधे कृत्वा दोलायमानमतिश्चलितः। यतः।
having eyed, again on the shoulder having taken, wavering-minded went. For,

मतिर्दोलायते सत्यं सतामपि खलोक्तिभिः।
The mind wavers truly of the good even through the knave's-words,

ताभिर्विश्वासितश्चासौ म्रियते चित्रकर्णवत् ॥५४॥
by them made to confide and he dies Chitrakarṇa-like. (54)

राजाह। कथमेतत्। स कथयति। अस्ति कस्मिंश्चिद्वनोद्देशे मदोत्कटो
The king says: How that? He relates. There is in some forest-spot Madotkaṭa

नाम सिंहः। तस्य सेवकास्त्रयः काको व्याघ्रो जंबुकश्च। अथ
by name a lion. Of him attendants three, a crow, a tiger, a jackal and. Now

तैर्भ्रमद्भिः कश्चिदुष्ट्रो दृष्टः पृष्टश्च। कुतो भवानागतः
by them roaming about some camel seen asked and. Whence you approached

सार्थाद्भ्रष्टः। स चात्मवृत्तांतमकथयत्। ततस्तैर्नीत्वा
from a caravan straying? He and his-history told. Then by them having conducted (him)

सिंहेऽसौ समर्पितः। तेनाभयवाचं दत्त्वा चित्रकर्ण इति
to the lion he introduced. By him safety-word having given, 'Chitrakarṇa' thus

नाम कृत्वा स्थापितः। अथ कदाचित्सिंहस्य शरीरवैकल्याद्भू-
name having made retained. Now once through the lion's body-indisposition

रिवृष्टिकारणाच्चाहारमलभमानास्ते व्यग्रा बभूवुः। ततस्तैरा-
of much-rain-on account and food not-finding they perplexed became. Then by them

लोचितं। चित्रकर्णमेव यथा स्वामी व्यापादयति तथानुष्ठीयतां।
considered: Chitrakarṇa verily how the master kills, thus let it be arranged.

किमनेन कंटकभुजा। व्याघ्र उवाच। स्वामिनाभयवाचं दत्त्वा-
What with that thorn-eater? The tiger said: By the master, safety-word having given

नुगृहीतस्तत्कथमेवं संभवति। काको ब्रूते। इह समये
(he was) received, therefore how thus is it possible? The crow says: Here on the occasion

परिक्षीणः स्वामी पापमपि करिष्यति। यतः।
fading away the master a sin also will commit. For,

त्यजेत्क्षुधार्ता महिला स्वपुत्रं
There will abandon with hunger-pained a woman her-son,

खादेत्क्षुधार्ता भुजगी स्वमंडं।
there will eat with hunger-pained a female serpent her egg;

बुभुक्षितः किं न करोति पापं
the hungry what not does he commit sin?

क्षीणा नरा निष्करुणा भवंति ॥५५॥
exhausted men pitiless are. (55)

अन्यच्च। मत्तः प्रमत्तश्चोन्मत्तः श्रांतः क्रुद्धो बुभुक्षितः।
Another and, The intoxicated, the careless and, the insane, the distressed, the enraged, the hungry,

लुब्धो भीरुस्त्वरायुक्तः कामुकश्च न धर्मवित् ॥५६॥
the covetous, the timid, the hasty, the libertine and not law-knowing. (56)

इति संचिंत्य सर्वे सिंहांतिकं जग्मुः। सिंहेनोक्तं। आहारार्थं
Thus having reflected all the lion-near went. By the lion said: For food's-sake

किंचित्प्राप्तं। तैरुक्तं। यत्नादपि न प्राप्तं किंचित्।
anything obtained? By them said: With pains even not obtained anything.

सिंहेनोक्तं। को ऽधुना जीवनोपायः। काको वदति। देव स्वाधीना-
By the lion said: What now living-means? The crow says: Sire, through the un

हारपरित्यागात्सर्वनाशो ऽयमुपस्थितः। सिंहेनोक्तं। अत्राहारः
us-dependant-food's-refusal all-destruction this approached. By the lion said: Here food

कः स्वाधीनः। काकः कर्णे कथयति। चित्रकर्ण इति। सिंहो
what on us-dependant? The crow into the ear says: 'Chitrakarṇa' thus. The lion

भूमिं स्पृष्ट्वा कर्णौ स्पृशति। अभयवाचं दत्त्वा
the ground having touched the ears touches (saying): Safety-word having given

धृतो ऽयमस्माभिः। तत्कथमेवं संभवति। तथा च।
kept he by us. Then how thus is it possible? Thus and:

न भूप्रदानं न सुवर्णदानं न गोप्रदानं न तथान्नदानं।
Not land-gift, not gold-gift, not cow-gift, not thus food-gift,

यथा वदंतीह महाप्रदानं सर्वेषु दानेष्वभयप्रदानं ॥५७॥
as they proclaim here a great-gift among all gifts safety-gift. (57)

अन्यच्च। सर्वकामसमृद्धस्य अश्वमेधस्य यत्फलं।
Another and, Of a with all-wishes-prosperous Aśvamedha what reward,

तत्फलं लभते सम्यग्रक्षिते शरणागते ॥५८॥
that reward one receives, duly (being) defended one for protection-approached. (58)

काको ब्रूते। नासौ स्वामिना व्यापादयितव्यः किंत्वस्माभिरेव।
The crow says: Not he by the lord to be killed but by us only.

तथा कर्तव्यं यथासौ स्वदेहदानमंगीकरोति। सिंहस्तच्छ्रुत्वा
Thus to be acted that he his-body's-gift offers. The lion that having heard

तूष्णीं स्थितः। ततो ऽसौ लब्धावकाशः कूटं कृत्वा सर्वाना-
silently stood. Then he (having) found-an opportunity a plot having made all

दाय सिंहांतिकं गतः। अथ काकेनोक्तं। देव यत्नादप्याहारो
having taken lion-near gone. Now by the crow said: Sire, with pains even food

न प्राप्तः। अनेकोपवासखिन्नः स्वामी तदिदानीं मदीयमांसमु-
not found. By much-fasting-exhausted (is) my lord, therefore now my-flesh

पभुज्यतां। यतः।
let be eaten! For,

स्वामिमूला भवंत्येव सर्वाः प्रकृतयः खलु ।
The master-as root having are verily all state's members surely;

समूलेष्वपि वृक्षेषु प्रयत्नः सफलो नृणां ॥५९॥
as with-roots (endowed) also trees care (bestowed) fruitful of men. (59)

सिंहेनोक्तं । वरं प्राणपरित्यागो न पुनरीदृशि कर्मणि प्रवृत्तिः ।
By the lion said: Better life-abandonment not however in such an action engaging.

जंबुकेनापि तथोक्तं । ततः सिंहेनोक्तं । मैवं । अथ
By the jackal also thus said. Then by the lion said: Not thus! Now

व्याघ्रेणोक्तं । मद्देहेन जीवतु स्वामी । सिंहेनोक्तं । न
by the tiger said: Through my-body may live the lord! By the lion said: Not

कदाचिदेवमुचितं । अथ चित्रकर्णोऽपि जातविश्वासस्तथैवा-
ever thus proper! Now Chitrakarṇa also with created-confidence so just

त्मदानमाह । ततस्तद्वचनात्तेन व्याघ्रेणासौ कुक्षिं विदार्य
self-gift declares. Then upon his-word by that tiger he, the flank having torn open,

व्यापादितः सर्वैर्भक्षितः । अतोऽहं ब्रवीमि । मतिर्दोलायते सत्यमि-
killed by all eaten. Therefore I say: The mind wavers truly

त्यादि । ततस्तृतीयधूर्तवचनं श्रुत्वा स्वमतिभ्रमं निश्चित्य
&c. Then the third-knave's-word having heard of his-mind's-shakiness being convinced

छागं त्यक्त्वा ब्राह्मणः स्नात्वा गृहं ययौ । स छागस्तैर्धू-
the goat leaving the Brâhman having bathed home went. That goat by those

र्तैर्नीत्वा भक्षितः । अतोऽहं ब्रवीमि । आत्मौपम्येन यो
knaves having taken (it) eaten. Therefore I say: By with himself-comparison who

वेत्तीत्यादि । राजाह । मेघवर्ण कथं शत्रुमध्ये त्वया
considers &c. The king says: Meghavarṇa, how in the enemies'-midst by thee

चिरमुषितं कथं वा तेषामनुनयः कृतः । मेघवर्ण उवाच । देव
long dwelt, how or of them conciliation made? Meghavarṇa said: Sire,

स्वामिकार्यार्थिना स्वप्रयोजनवशाद्वा किं न क्रियते ।
by one the master's-profit-seeking, for one's own-aims'-sake or what not is done?

पश्य । लोको वहति किं राजन्न मूर्ध्ना दग्धुमिंधनं ।
Behold: People do they carry (what?), O king, not on the head to burn (it) fuel?

क्षालयन्नपि वृक्षांघ्रिं नदीवेला निकृंतति ॥ ६० ॥
Washing also a tree's-foot a river's-current tears (it) down. (60)

तथा चोक्तं । स्कंधेनापि वहेच्छत्रून्कार्यमासाद्य बुद्धिमान् ।
Thus and said: On the shoulder even will carry enemies, an object approaching, the wise,

यथा वृद्धेन सर्पेण मंडूका विनिपातिताः ॥ ६१ ॥
as by the old serpent frogs (were) destroyed. (61)

राजाह । कथमेतत् । मेघवर्णः कथयति । अस्ति जीर्णोद्याने
The king says: How that? Meghavarṇa relates: There was in an old-garden

मंदविषो नाम सर्पः । सो ऽतिजीर्णतयाहारमप्यन्वेष्टुमक्षमः
Mandavisha by name a serpent. That from over-agedness food even to seek unable

सरस्तीरे पतित्वा स्थितः । ततो दूरादेव केनचिन्मंडूकेन
on a pond's-bank having fallen remained. Then from afar already by some frog

दृष्टः पृष्टश्च । किमिति त्वमाहारं नान्विष्यसि । सर्पो ऽवदत् ।
seen, asked and: Why thus thou food not dost seek? The serpent said:

गच्छ भद्र मम मंदभाग्यस्य प्रश्नेन किं । ततः संजात-
Go, my dear! Of me ill-fated with questioning what? Then with roused-

कौतुकः स च भेकः सर्वथा कथ्यतामित्याह । सर्पो ऽप्याह ।
curiosity that also frog 'wholly let it be told!' thus says. The serpent also says:

भद्र ब्रह्मपुरवासिनः श्रोत्रियस्य कौंडिन्यस्य पुत्रो विंशतिवर्षीयः
My dear, of an in Brahmapura-living Srotriya Kauṇḍinya the son twenty-years old

सर्वगुणसंपन्नो दुर्दैवान्मम नृशंसस्वभावाद्दष्टः । तं
with all-virtues-endowed from ill-fate of me through the cruel-nature bitten. That

पुत्रं सुशीलनामानं मृतमालोक्य मूर्छितः कौंडिन्यः पृथिव्यां लुलोठ ।
son Suśīla-named dead having seen fainting Kauṇḍinya on the ground rolled.

अनंतरं ब्रह्मपुरवासिनः सर्वे बांधवास्तत्रागत्योपविष्टाः ।
Thereupon Brahmapura-inhabiting all relations there having approached sat down.

तथा चोक्तं । उत्सवे व्यसने युद्धे दुर्भिक्षे राष्ट्रविप्लवे ।
Thus and said: At a festival, in distress, in battle, in famine, in realm-tumult,

राजद्वारे श्मशाने च यस्तिष्ठति स बांधवः ॥ ६२ ॥
at the king's-door, on the cemetery and who remains, he a relation. (62)

तत्र कपिलो नाम स्नातको ऽवदत्। अरे कौंडिन्य मूढो
There Kapila by name, a householder, said: Alas, Kaunḍinya, infatuated

ऽसि तेनैवं विलपसि।
thou art, therefore thus thou lamentest.

शृणु। क्रोडीकरोति प्रथमं यथा जातमनित्यता।
Listen: To the bosom folds first as a child perishableness,

धात्रीव जननी पश्चात्तथा शोकस्य कः क्रमः॥६३॥
a nurse as, the mother afterwards, therefore for sorrow what course? (63)

क्व गताः पृथिवीपालाः ससैन्यबलवाहनाः।
Where (are) gone the earth-protectors with-armies-power-chariots,

वियोगसाक्षिणी येषां भूमिरद्यापि तिष्ठति॥६४॥
departure-witnessing of whom the earth to-day even stands? (64)

अपरं च। कायः संनिहितापायः संपदः पदमापदां।
Another and, The body has destruction-close to it, happiness the place for misfortunes,

समागमाः सापगमाः सर्वमुत्पादि भंगुरं॥६५॥
meeting with-departure (connected), everything born (is) frail. (65)

प्रतिक्षणमयं कायः क्षीयमाणो न लक्ष्यते।
Every moment this body wasting away not is perceived,

आमकुंभ इवांभःस्थो विशीर्णः सन्विभाव्यते॥६६॥
a crude-jar as in water-standing; dissolved being, it is discovered. (66)

आसन्नतरतामेति मृत्युर्जंतोर्दिने दिने।
To closer proximity goes death of a living being day by day,

आघातं नीयमानस्य वध्यस्येव पदे पदे॥६७॥
of a to slaughter being led culprit as step by step. (67)

अनित्यं यौवनं रूपं जीवितं द्रव्यसंचयः।
Uncertain (is) youth, beauty, life, of goods-a store,

ऐश्वर्यं प्रियसंवासो मुह्येत्तत्र न पंडितः॥६८॥
sovereignty, friends'-society; fascinated should be there not the wise. (68)

यथा काष्ठं च काष्ठं च समेयातां महोदधौ।
As a plank and a plank and may meet on the mighty-water-receptacle,

समेत्य च व्यपेयातां तद्वद्भूतसमागमः ॥६९॥
having met and may part, thus of beings-the meeting. (69)

यथा हि पथिकः कश्चिच्छायामाश्रित्य तिष्ठति ।
As namely wanderer some to shade having resorted halts,

विश्रम्य च पुनर्गच्छेत्तद्वद्भूतसमागमः ॥७०॥
having rested and again will go, thus of beings-the meeting. (70)

अन्यच्च । पंचभिर्निर्मिते देहे पंचत्वं च पुनर्गते ।
Another and, On the of five (elements) composed body, to the five's state and again gone,

स्वां स्वां योनिमनुप्राप्ते तत्र का परिदेवना ॥७१॥
its its birthplace having found, there what lamentation. (71)

यावतः कुरुते जंतुः संबंधान्मनसः प्रियान् ।
As many makes a creature connections to the mind dear,

तावंतोऽपि निखन्यंते हृदये शोकशंकवः ॥७२॥
so many also are ingrafted in the heart sorrow-thorns. (72)

नायमत्यंतसंवासो लभ्यते येन केनचित् ।
Not this perpetual-association is found by anyone whomsoever

अपि स्वेन शरीरेण किमुतान्येन केनचित् ॥७३॥
even with his own body, how much less with else anyone! (73)

अपि च । संयोगो हि वियोगस्य संसूचयति संभवं ।
Also and, Connection namely of separation indicates the origin,

अनतिक्रमणीयस्य जन्म मृत्योरिवागमं ॥७४॥
of the inevitable birth of death as the approach. (74)

आपातरमणीयानां संयोगानां प्रियैः सह ।
Of for the moment-delightful connexions *friends* with,

अपथ्यानामिवान्नानां परिणामोऽतिदारुणः ॥७५॥
of unwholesome as foods, the end (digestion) over-painful. (75)

अपरं च । व्रजंति न निवर्तंते स्रोतांसि सरितां यथा ।
Another and, There run on, not return, the waves of rivers as,

आयुरादाय मर्त्यानां तथा रात्र्यहनी सदा ॥७६॥
the life taking away of mortals thus night-and day always. (76)

सुखास्वादपरो यस्तु संसारे सत्समागमः ।
In happiness-enjoyment-only consisting which truly in the world with the good-association,

स वियोगावसानत्वाद्दुःखानां धुरि युज्यते ॥७७॥
that from (its) in separation-ending of troubles in the yoke is joined. (77)

अत एव हि नेच्छंति साधवः सत्समागमं ।
Therefore only namely not wish the virtuous with the good-association,

यद्वियोगासिलूनस्य मनसो नास्ति भेषजं ॥७८॥
because of the with separation's-sword-cut heart not is a remedy. (78)

सुकृतान्यपि कर्माणि राजभिः सगरादिभिः ।
Well-performed even works by the kings Sagara &c.,

अथ तान्येव कर्माणि ते चापि प्रलयं गताः ॥७९॥
then those very works they and also to destruction gone. (79)

संचिंत्य संचिंत्य तमुग्रदंडं मृत्युं मनुष्यस्य विचक्षणस्य ।
Having reflected having reflected on that stern-sceptred Death, of a man intelligent

वर्षांबुसिक्ता इव चर्मबंधाः सर्वे प्रयत्नाः शिथिलीभवंति ॥८०॥
with rain-water-sprinkled as leather-straps all efforts relaxed-become. (80)

यामेव रात्रिं प्रथमामुपैति गर्भे निवासं नरवीरलोकः ।
On which just night first takes up in the womb (his) abode a human-hero,

ततः प्रभृत्यस्खलितप्रयाणः स प्रत्यहं मृत्युसमीपमेति ॥८१॥
thence forward with unfaltering-progress he daily death-near goes. (81)

अतः संसारं विचारय । शोकोऽयमज्ञानस्य प्रपंचः । पश्य ।
Therefore the world consider! Sorrow this of ignorance display. Behold!

अज्ञानं कारणं न स्याद्वियोगो यदि कारणं ।
Ignorance the cause not (if) were, separation if the cause,

शोको दिनेषु गच्छत्सु वर्धतामपयाति किं ॥८२॥
sorrow, days passing on, should increase; it departs why? (82)

तदत्रात्मानमनुसंधेहि । शोकचर्चां परिहर । यतः ।
Therefore here thyself compose! Sorrow-searching avoid! For,

अकांडपातजातानां गात्राणां मर्मभेदिनां ।
Of the not-by arrow-fall-produced of the limbs the joints-cutting

गाढशोकप्रहाराणामचिंतैव महौषधी ॥८३॥
deep-sorrow's-blows not-reflection only the great-remedy. (83)

ततस्तद्वचनं निशम्य प्रबुद्ध इव कौंडिन्य उत्थायाब्रवीत् ।
Then his-word having heard awakened as it were Kauṇḍinya rising said:

तदलमिदानीं गृहनरकवासेन । वनमेव गच्छामि ।
Then enough now with in a house-hell-dwelling. To the wood surely I go.

कपिलः पुनराह ।
Kapila again says:

वने ऽपि दोषाः प्रभवंति रागिणां
In a wood even evils arise of the passionate,

गृहे ऽपि पंचेंद्रियनिग्रहस्तपः ।
in a house even the five-organs'-restraint (is) penance;

अकुत्सिते कर्मणि यः प्रवर्तते
in unblemished action who engages,

निवृत्तरागस्य गृहं तपोवनं ॥८४॥
of one with restrained-passions the house (is) a penance-wood. (84)

यतः । दुःखितो ऽपि चरेद्धर्मं यत्र कुत्राश्रमे रतः ।
For. The afflicted also should observe the law in any whatsoever order of life delighting

समः सर्वेषु भूतेषु न लिंगं धर्मकारणं ॥८५॥
equal unto all beings; not (is) an (external) mark of virtue-a cause. (85)

उक्तं च । वृत्त्यर्थं भोजनं येषां संतानार्थं च मैथुनं ।
Said and, For life's-sake the food of whom, for offspring's-sake and love,

वाक्सत्यवचनार्थाय दुर्गाण्यपि तरंति ते ॥८६॥
speech for true-words'-sake, difficulties also overcome they. (86)

तथा हि । आत्मा नदी संयमपुण्यतीर्था
Thus namely, The soul (is) a river having restraint-as holy-bathing places,

सत्योदका शीलतटा दयोर्मिः ।
truth-as water, character-as banks, tenderness-as waves;

तत्राभिषेकं कुरु पांडुपुत्र
there ablution make, O Pāṇḍu-son!

न वारिणा शुध्यति चांतरात्मा ॥८७॥
not through water is purified also the inward-soul. (87)

विशेषतश्च । जन्ममृत्युजराव्याधिवेदनाभिरुपद्रुतं ।
Especially and, With birth-death-old age-illness-pain overwhelmed

संसारमिममुत्पन्नमसारं त्यजतः सुखं ॥८८॥
world this produced sapless of the quitting happiness. (88)

यतः । दुःखमेवास्ति न सुखं यस्मात्तदुपलक्ष्यते ।
For, Pain only exists, not ease, because this is observed,

दुःखार्तस्य प्रतीकारे सुखसंज्ञा विधीयते ॥८९॥
on a pain-sufferer's remedy of ease-the name is bestowed. (89)

कौंडिन्यो ब्रूते । एवमेव । ततो ऽहं तेन शोकाकुलेन ब्राह्मणेन
Kauṇḍinya says: So just. Then I by that sorrow-afflicted Brâhman

शप्तो यदद्यारभ्य मंडूकानां वाहनं भविष्यसीति । कपिलो ब्रूते ।
cursed, that 'to-day beginning of frogs a vehicle thou shalt be' thus. Kapila says:

संप्रत्युपदेशासहिष्णुर्भवान् । शोकाविष्टं ते हृदयं । तथापि
At present advice-not bearing you. With sorrow-filled of thee the heart. Thus even

कार्यं शृणु ।
what to be done hear:

संगः सर्वात्मना त्याज्यः स चेत्त्यक्तुं न शक्यते ।
Society with all-the mind to be shunned, that if be shunned not can,

स सद्भिः सह कर्तव्यः सतां संगो हि भेषजं ॥९०॥
that the good with to be made; of the good the society namely a medicine. (90)

अन्यच्च । कामः सर्वात्मना हेयः स चेद्धातुं न शक्यते ।
Another and, Love with all-the soul to be quitted, that if be quitted not can.

स्वभार्यां प्रति कर्तव्यः सैव तस्य हि भेषजं ॥९१॥
one's-wife towards to be made, she only of that namely a medicine. (91)

एतच्छ्रुत्वा स कौंडिन्यः कपिलोपदेशामृतप्रशांतशोकानलो
This having heard that Kauṇḍinya by Kapila's-advice-nectar-being allayed-(his) sorrow-fire

यथाविधि दंडग्रहणं कृतवान् । अतो ब्राह्मणशापान्मंडूकान्
according-to rule staff-taking made. Therefore through the Brâhman's-curse frogs

वोढुमत्र तिष्ठामि। अनंतरं तेन मंडूकेन गत्वा मंडूकनाथस्य
to carry here I stay. Thereupon by that frog, having gone, of the frog-lord

जालपादनाम्नो ऽग्रे तत्कथितं। ततो ऽसावागत्य मंडूकनाथस्तस्य
Jâlapâda-named in front that related. Then that having approached frog-lord of that

सर्पस्य पृष्ठमारूढवान्। स च सर्पस्तं पृष्ठे कृत्वा
serpent the back ascended. That and serpent him on (his) back placing

चित्रपदक्रमं बभ्राम। परेद्युश्चलितुमसमर्थं तं मंडूकनाथो
at a wondrous-pace roamed about. The following-day to go unable him the frog-lord

ऽवदत्। किमद्य भवान्मंदगतिः। सर्पो ब्रूते। देव आहारविरहाद्-
addressed: Why to-day you slowly-going? The serpent says: Sire, from food-want

समर्थो ऽस्मि। मंडूकनाथो ऽवदत्। अस्मदाज्ञया मंडूकान्भक्षय। ततो
unable I am. The frog-lord said: By our-command frogs eat! Then

गृहीतो ऽयं महाप्रसाद इत्युक्त्वा क्रमशो मंडूकान्खादितवान्। अतो
'accepted this great-favour' thus saying by degrees the frogs he ate. Then

निर्मंडूकं सरो विलोक्य मंडूकनाथो ऽपि तेन खादितः। अतो
void of frogs the pond seeing the frog-lord also by him eaten. Therefore

ऽहं ब्रवीमि। स्कंधेनापि वहेच्छत्रूनित्यादि। देव यात्विदानीं
I say: On the shoulder even will carry enemies &c. Sire, let go now

पुरावृत्ताख्यानकथनं। सर्वथा संधेयो ऽयं हिरण्यगर्भो
former-events'-stories'-telling! 'By all means to be conciliated this Hiranyagarbha

राजा संधीयतामिति मे मतिः। राजोवाच। को ऽयं
king let be made peace with' thus of me the opinion. The king said: What this

भवतो विचारः। यतो जितस्तावदयमस्माभिस्ततो यद्यस्मत्सेवया
of you thought? Since defeated first he by us, therefore if in our-vassalage

वसति तदास्तां नो चेद्विगृह्यतां। अत्रांतरे
he dwells, then may he remain, not if, let him be attacked! There meanwhile,

जंबुद्वीपादागत्य शुकेनोक्तं। देव सिंहलद्वीपस्य सारसो
from Jambudvîpa having arrived, by the parrot said: Sire, of Simhaladvîpa the Sârasa

राजा संप्रति जंबुद्वीपमाक्रम्यावतिष्ठते। राजा ससंभ्रमं
king now Jambudvîpa having invaded remains (there). The king with-confusion

ब्रूते। किं किं। शुकः पूर्वोक्तं कथयति। गृध्रः स्वागतमु-
says: What? what? The parrot the before-said relates. The vulture to himself

वाच। साधु रे चक्रवाक मंत्रिन्सर्वज्ञ साधु साधु। राजा
said: Well, O Chakravâka minister Sarvajña, well, well. The king

सकोपमाह। आस्तां तावदयं। गत्वा तमेव समूलमु-
with-anger says: Let remain then this one! Having gone that one surely with-root

न्मूलयामि। दूरदर्शी विहस्याह।
I root up. Dûradarśin smiling says:

न शरन्मेघवत्कार्यं वृथैव घनगर्जितं।
Not autumn-cloud-like to be made in vain only cloud-thundering,

परस्यार्थमनर्थं वा प्रकाशयति नो महान् ॥९२॥
to an enemy profit loss or reveals never the great. (92)

अपरं च। एकदा न विगृह्णीयाद्बहून्राजाभियातिनः।
Another and, At once not should fight many a king adversaries,

सदर्पो ऽप्युरगः कीटैर्बहुभिर्नाश्यते ध्रुवं ॥९३॥
a proud even serpent by insects many is made to perish surely. (93)

देव किमिति विना संधानं गमनमस्ति। यतस्तदास्मत्पश्चात्
Sire, why thus without concluding peace marching is? For then behind our-back

प्रकोपो ऽनेन कर्तव्यः। अपरं च।
disturbance by this one to be made. Another and,

यो ऽर्थतत्त्वमविज्ञाय क्रोधस्यैव वशं गतः।
Who a thing's-true state not-having ascertained of anger verily into the power gone,

स तथा तप्यते मूढो ब्राह्मणो नकुलाद्यथा ॥९४॥
he thus is pained fool, the Brâhman on account of the ichneumon as. (94)

राजाह। कथमेतत्। दूरदर्शी कथयति। अस्त्युज्जयिन्यां माधवो
The king says: How that? Dûradarśin relates: There is in Ujjayinî Mâdhava

नाम विप्रः। तस्य ब्राह्मणी प्रसूता बालापत्यस्य रक्षार्थं
by name a Brâhman. Of him the wife having born, of the young-child for protection's-sake

ब्राह्मणमवस्थाप्य स्नातुं गता। अथ ब्राह्मणाय राज्ञः पार्वण-
the Brâhman having left, to bathe gone. Now to the Brâhman the king's monthly-

श्राद्धं दातुमाह्वानमागतं। तच्छ्रुत्वा ब्राह्मणः सहज-
Sráddha to give an invitation came. That having heard the Bráhman from his natural-

दारिद्र्यादचिंतयत्। यदि सत्वरं न गच्छामि तदान्यः कश्चिच्छ्रुत्वा
poverty reflected: If with-haste not I go then else somebody having heard

श्राद्धं ग्रहीष्यति। यतः।
the Sráddha will take. For,

आदानस्य प्रदानस्य कर्तव्यस्य च कर्मणः।
Of a receipt, of a gift, of to be done and work

क्षिप्रमक्रियमाणस्य कालः पिबति तद्रसं॥९५॥
speedily not-being done time drinks its-essence. (95)

किंतु बालकस्यात्र रक्षको नास्ति। तत्किं करोमि। यातु
However of the child here a guardian not is. Then what do I? Well!

चिरकालपालितमिमं नकुलं पुत्रनिर्विशेषं बालकरक्षायां
a long-time-cherished this ichneumon from a son-without difference in the child's-protection

व्यवस्थाप्य गच्छामि। तथा कृत्वा गतः। ततस्तेन नकुलेन
having placed I go. Thus having done (he) departed. Then by that ichneumon

बालकसमीपमागच्छन्कृष्णसर्पो दृष्ट्वा व्यापाद्य
to the child's-proximity approaching a black serpent, having seen, having killed,

कोपात्खंडं खंडं कृत्वा खादितः। ततोऽसौ नकुलो ब्राह्मणमा-
from anger part part having made, devoured. Then that ichneumon the Bráhman

यांतमवलोक्य रक्तविलिप्तमुखपादः सत्वरमुपागम्य
coming near seeing with blood-smeared-mouth-and feet with-haste having approached

तच्चरणयोर्लुलोठ। ततः स विप्रस्तथाविधं तं दृष्ट्वा बालको
at his-feet rolled. Then that Bráhman in such-a state him having seen, 'the child

ऽनेन खादित इत्यवधार्य नकुलं व्यापादितवान्। अनंतरं यावदु-
by him eaten' thus inferring the ichneumon killed. Afterwards while

पसृत्यापत्यं पश्यति ब्राह्मणस्तावद्बालकः सुस्थः सर्पश्च
approaching at the child looks the Bráhman, then the child healthy the serpent and

व्यापादितस्तिष्ठति। ततस्तमुपकारकं नकुलं निरीक्ष्य भावित-
killed lies. Then that as a benefactor ichneumon having recognized with reflecting-

चेताः स परं विषादमगमत्। अतो ऽहं ब्रवीमि। यो ऽर्थतत्त्वम्-
mind he to extreme grief went. Therefore I say: Who a thing's-true state

विज्ञायेत्यादि। अपरं च।
not-having ascertained &c. Another and,

कामः क्रोधस्तथा मोहो लोभो मानो मदस्तथा।
Lust, anger, likewise infatuation, covetousness, pride, intoxication likewise,

षड्वर्गमुत्सृजेदेनमस्मिंस्त्यक्ते सुखी नृपः ॥९६॥
of six-collection should he avoid this; this (being) shunned happy a prince. (96)

राजाह। मन्त्रिन्नेष ते निश्चयः। मन्त्री ब्रूते। एवमेव।
The king says: Minister, (is) this thy conviction? The minister says: So just.

यतः। स्मृतिश्च परमार्थेषु वितर्को ज्ञाननिश्चयः।
For, Recollection and, in important-matters deliberation, knowledge-conviction,

दृढता मन्त्रगुप्तिश्च मन्त्रिणः परमो गुणः ॥९७॥
firmness, counsel-concealment and a minister's highest quality. (97)

तथा च। सहसा विदधीत न क्रियां
Thus and, With rashness one should perform not an action,

अविवेकः परमापदां पदं।
inconsiderateness of the greatest-misfortunes the foundation;

वृणते हि विमृश्यकारिणं
there choose namely one after deliberation-acting

गुणलुब्धाः स्वयमेव संपदः ॥९८॥
through virtues-charmed of themselves already fortunes. (98)

तद्देव यदिदानीमस्मद्वचनं क्रियते तदा संधाय गम्यतां।
Therefore Sire, if now our-word is done then having made peace let be gone!

यतः। यद्यप्युपायाश्चत्वारो निर्दिष्टाः साध्यसाधने।
For, If also means four pointed out of what is to be accomplished-in the accomplishment

संख्यामात्रं फलं तेषां सिद्धिः साम्नि व्यवस्थिता ॥९९॥
number-merely (is) the fruit of them; success in negotiation grounded. (99)

राजाह। कथमेवं संभवति। मन्त्री ब्रूते। देव सत्वरं भविष्यति।
The king says: How thus is it possible? The minister says: Sire, with-haste it will be.

यतः। अज्ञः सुखमाराध्यः सुखतरमाराध्यते विशेषज्ञः।
For, An ignorant easy to be conciliated, more easily is conciliated the difference-knowing.

ज्ञानलवदुर्विदग्धं ब्रह्मापि नरं न रंजयति ॥१००॥
a with knowledge-particles-badly-imbued Brahmâ even man not conciliates. (100)

विशेषतश्चायं धर्मज्ञो राजा सर्वज्ञो मंत्री च। ज्ञातमे-
Especially and this duty-knowing king Sarvajña ('all-knowing') minister and. Perceived

तन्मया पूर्वं मेघवर्णवचनात्तत्कृतकार्यसंदर्शनाच्च। यतः।
this by me before from Megh.'s-word, from the by him-done-action's-perception and. For,

कर्मानुमेयाः सर्वत्र परोक्षगुणवृत्तयः।
From actions-to be inferred (is) everywhere of those of unknown-qualities-the conduct

तस्मात्परोक्षवृत्तीनां फलैः कर्मानुभाव्यते ॥१०१॥
therefore of those of unknown-conduct by the results the action is perceived. (101)

राजाह। अलमुत्तरोत्तरेण। यथाभिप्रेतमनुष्ठीयतां।
The king says: Enough with answers-and replies! As-intended let it be accomplished!

एतन्मंत्रयित्वा गृध्रो महामंत्री तत्र यथार्हं कर्तव्यमि-
'This having advised the vulture the great-minister 'there as-proper to be acted,

त्युक्त्वा दुर्गाभ्यंतरं चलितः। ततः प्रणिधिबकेनागत्य
thus having said to the fort's-interior gone. Then by the spy-crane having approached

राज्ञो हिरण्यगर्भस्य निवेदितं। देव संधिं कर्तुं महामंत्री
to king Hiranyagarbha made known: Sire, peace to make the great-minister

गृध्रोऽस्मत्समीपमागच्छत्। राजहंसो ब्रूते। मंत्रिन्पुनः
the vulture to our-neighbourhood approached. The flamingo says: Minister, again

संबंधिना केनचिदत्रागंतव्यं। सर्वज्ञो विहस्याह।
by a conspirator some here will be approached. Sarvajña smiling says:

देव न शंकास्पदमेतद्यतोऽसौ महाशयो दूरदर्शी। अथवा
Sire not fear-foundation this, for that noble-minded Dûradarśin. But

स्थितिरियं मंदमतीनां। कदाचिच्छंकैव न क्रियते
the habit this of the slow-minded: Sometimes fear at all not is made,

कदाचित्सर्वत्र शंका। तथा हि।
sometimes everywhere fear. Thus namely,

सरसि बहुशस्ताराच्छायेक्षणात्परिवंचितः
On a pond often through star-images'-perception deceived

कुमुदविटपान्वेषी हंसो निशास्वविचक्षणः ।
a lotus-shoots-seeking goose at night, unwise,

न दशति पुनस्ताराशंकी दिवापि सितोत्पलं
not eats again stars-fearing by day also the white-lotus;

कुहकचकितो लोकः सत्ये ऽप्यपायमपेक्षते ॥१०२॥
by knaves-frightened the world in the honest even danger suspects. (102)

दुर्जनदूषितमनसः सुजनेष्वपि नास्ति विश्वासः ।
Of one with by wicked men-spoiled-mind in good-men also not is confidence।

बालः पायसदग्धो दध्यपि फूत्कृत्य भक्षयति ॥१०३॥
a child with milk-burnt curd also, having blown upon it, eats. (103)

तद्देव यथाशक्ति तत्पूजार्थं रत्नोपहारादिसामग्री
Therefore Sire, according to-power for his-honour's-sake of jewel-presents-&c.-a sum

सुसज्जीक्रियतां । तथानुष्ठिते सति स गृध्रो मंत्री दुर्ग-
let quite-ready-be made! Thus accomplished being that vulture minister from the

द्वाराच्चक्रवाकेणोपगम्य सत्कृत्यानीय राजदर्शनं
fort's-gate by the Chak., having gone up, having saluted, having conducted king's-sight

कारितो दत्तासने चोपविष्टः । चक्रवाक उवाच । युष्मदायत्तं
caused to make on a proffered-seat and seated. The Chakravâka said: On you-dependant

सर्वं । स्वेच्छयोपभुज्यतामिदं राज्यं । राजहंसो ब्रूते । एवमेव ।
(is) all. At your-wish let be enjoyed this kingdom! The flamingo says। So just.

दूरदर्शी कथयति। एवमेवैतत्किंत्विदानीं बहुप्रपंचवचनं निष्प्रयोजनं।
Dûradarśin says। So just (is) this, but at present much-illusion-speech useless.

यतः । लुब्धमर्थेन गृह्णीयात्स्तब्धमंजलिकर्मणा ।
For, The covetous with money he should win, the stern with supplication,

मूर्खं छंदोऽनुवृत्तेन याथातथ्येन पंडितं ॥१०४॥
a fool with wish-compliance, with truthfulness the wise. (104)

अन्यच्च । सद्भावेन हरेन्मित्रं संभ्रमेण तु बांधवान् ।
Another and, With good-character he should win a friend, with reverence however relations,

स्त्रीभृत्यौ दानमानाभ्यां दाक्षिण्येनेतराञ्जनान् ॥ १०५ ॥
a woman-and attendant with gift-and honour, with courtesy other persons. (105)

तदिदानीं संधाय गम्यतां। महाप्रतापश्चित्रवर्णो राजा।
Therefore now having made peace let be gone! Of great-splendour Chitravarṇa the king.

चक्रवाको ब्रूते। यथा संधानं कार्यं तदप्युच्यतां।
The Chakravâka says: How peace-conclusion to be made, that also let be told!

राजहंसो ब्रूते। कति प्रकाराः संधीनां संभवंति। गृध्रो ब्रूते।
The flamingo says: How many sorts of alliances are possible? The vulture says:

कथयामि। श्रूयतां।
I tell. Let be listened:

बलीयसाभियुक्तस्तु नृपो नान्यप्रतिक्रियः।
By a stronger one attacked however a king not having another-remedy

आपन्नः संधिमन्विच्छेत्कुर्वाणः कालयापनं ॥ १०६ ॥
distressed peace should seek, causing delay of time. (106)

कपाल उपहारश्च संतानः संगतस्तथा।
Kapâla, Upahâra and, Santâna, Saṅgata likewise,

उपन्यासः प्रतीकारः संयोगः पुरुषांतरः ॥ १०७ ॥
Upanyâsa, Pratîkâra, Saṁyoga, Purushântara, (107)

अदृष्टनर आदिष्ट आत्मादिष्ट उपग्रहः।
Adṛishṭanara, Âdishṭa, Âtmâdishṭa, Upagraha,

परिक्रयस्तथोच्छिन्नस्तथा च परभूषणः ॥ १०८ ॥
Parikraya, likewise Uchchhanna, likewise and Parabhûshaṇa, (108)

स्कंधोपनेयः संधिश्च षोडशैते प्रकीर्तिताः।
the Skandhopaneya alliance and, sixteen these proclaimed;

इति षोडशकं प्राहुः संधिं संधिविचक्षणाः ॥ १०९ ॥
thus sixteenfold proclaim alliance the with alliances-conversant. (109)

कपालसंधिर्विज्ञेयः केवलं समसंधितः।
The Kapâla-alliance to be known simply as (made) through equal-alliance,

संप्रदानाद्भवति य उपहारः स उच्यते ॥ ११० ॥
through a gift is which, Upahâra that is called. (110)

संतानसंधिर्विज्ञेयो दारिकादानपूर्वकः ।
The Santâna-alliance to be known as by a daughter's-gift-preceded;

सद्भिस्तु संगतः संधिर्मैत्रीपूर्व उदाहृतः ॥१११॥
with the good however Saṅgata the alliance, by friendship-preceded (is) named; (111)

यावदायुःप्रमाणस्तु समानार्थप्रयोजनः ।
(it is) as long as-life-lasting surely at the same-objects-aiming

संपत्तौ वा विपत्तौ वा कारणैर्यो न भिद्यते ॥११२॥
in prosperity either in adversity or by causes which not is broken. (112)

संगतः संधिरेवायं प्रकृष्टत्वात्सुवर्णवत् ।
The Saṅgata alliance only this from (its) superiority (is) gold-like;

तथान्यैः संधिकुशलैः कांचनः स उदाहृतः ॥११३॥
thus by others in alliances-skilled Kâñchana (golden) that (is) named. (113)

आत्मकार्यस्य सिद्धिं तु समुद्दिश्य क्रियेत यः ।
One's own-object's accomplishment however pointing out is made which,

स उपन्यासकुशलैरुपन्यास उदाहृतः ॥११४॥
that by the with the Upanyâsa-conversant Upanyâsa (is) named. (114)

मयास्योपकृतं पूर्वं ममाप्येष करिष्यति ।
'By me to him service rendered before, to me also he will render (it)'

इति यः क्रियते संधिः प्रतीकारः स उच्यते ॥११५॥
thus which is made alliance, Pratikâra that is called. (115)

उपकारं करोम्यस्य ममाप्येष करिष्यति ।
A service I render to him, to me also he will render (it),

अयं चापि प्रतीकारो रामसुग्रीवयोरिव ॥११६॥
this and also (is) Pratîkâra, of Râma and Sugriva as. (116)

एकार्थां सम्यगुद्दिश्य क्रियां यत्र हि गच्छति ।
Of one-aim properly pointing out an action where namely one goes,

सुसंहितप्रमाणस्तु स च संयोग उच्यते ॥११७॥
of well-united-authority surely that and Saṁyoga is called. (117)

आवयोर्योधमुख्यैस्तु मदर्थः साध्यतामिति ।
'Of us two by the warrior-chiefs truly my-object let be accomplished' thus

यस्मिन्पणस्तु क्रियते स संधिः पुरुषांतरः ॥११८॥
in which a payment surely is made that alliance (is) Purushântara. (118)

त्वयैकेन मदीयो ऽर्थः संप्रसाध्यस्त्वसाविति ।
'By thee alone my affair to be accomplished surely this' thus

यत्र शत्रुः पणं कुर्यात्सो ऽदृष्टपुरुषः स्मृतः ॥११९॥
where an enemy payment must make, that (is) Adṛishṭapurusha recorded. (119)

यत्र भूम्येकदेशेन पणेन रिपुरूर्जितः ।
Where with a land's-part as fine an enemy powerful

संधीयते संधिविद्भिः स चादिष्ट उदाहृतः ॥१२०॥
is made peace with, by alliance-knowers that and Âdishṭa (is) recorded. (120)

स्वसैन्येन तु संधानमात्मादिष्ट उदाहृतः ।
Through one's own-army however peace-conclusion Âtmâdishṭa (is) named;

क्रियते प्राणरक्षार्थं सर्वदानादुपग्रहः ॥१२१॥
it is made for life-protection's-sake through total-surrender Upagraha. (121)

कोशांशेनार्धकोशेन सर्वकोशेन वा पुनः ।
with a treasure's-part, with half-the treasure, with the whole-treasure or again

शिष्टस्य प्रतिरक्षार्थं परिक्रय उदाहृतः ॥१२२॥
of the remainder for preservation's-sake Parikraya (is) named. (122)

भुवां सारवतीनां तु दानादुच्छिन्न उच्यते ।
Of lands excellent however through the surrender Uchchhanna it is called;

भूम्युत्थफलदानेन सर्वेण परभूषणः ॥१२३॥
through the on the ground-growing-fruits'-surrender entire Parabhûshaṇa. (123)

परिच्छिन्नं फलं यत्र प्रतिस्कंधेन दीयते ।
Measured fruit where on every-shoulder is offered,

स्कंधोपनेयं तं प्राहुः संधिं संधिविचक्षणाः ॥१२४॥
Skandhopaneya that proclaim alliance the with alliances-conversant. (124)

परस्परोपकारस्तु मैत्री संबंधकस्तथा ।
Mutual-assistance surely, friendship, relationship likewise,

उपहारश्च विज्ञेयाश्चत्वारश्चैव संधयः ॥१२५॥
the with presents concluded and to be known as four also only alliances. (125)

एक एवोपहारस्तु संधिरेव मतो मम।
The one only with presents concluded however alliance truly (is) approved by me,

उपहारविभेदास्तु सर्वे मैत्रविवर्जिताः ॥१२६॥
from the with presents concluded-differing however all (are) of friendship-destitute. (126)

अभियोक्ता बलीयस्त्वादलब्ध्वा न निवर्तते।
An assailant because of his greater strength not-having gained not returns,

उपहाराद्दृते तस्मात्संधिरन्यो न विद्यते ॥१२७॥
present without therefore alliance other not is known. (127)

राजाह। भवंतो महांतः पंडिताश्च। तदत्रास्माकं यथाकार्यमु-
The king says: You (are) great wise and. Therefore here to us as-to be acted

पदिश्यतां। मंत्री ब्रूते।
let be taught! The minister says:

आः किमेवमुच्यते। आधिव्याधिपरीतापादद्य श्वो वा विनाशिने।
Ah, why thus is spoken? Through sorrow-and disease-pain to-day to-morrow or perishing

को हि नाम शरीराय धर्मापेतं समाचरेत् ॥१२८॥
Who truly namely for the body a from justice-departing (act) would commit? (128)

जलांतश्चंद्रचपलं जीवितं खलु देहिनां।
As in water-the moon-trembling (is) the life surely of corporeal (beings),

तथाविधमिति ज्ञात्वा शश्वत्कल्याणमाचरेत् ॥१२९॥
of such a state thus (it) knowing always virtue one should practice. (129)

मृगतृष्णासमं वीक्ष्य संसारं क्षणभंगुरं।
'Deer-thirst'-like having perceived the world in a moment-perishing

सज्जनैः संगतं कुर्याद्धर्माय च सुखाय च ॥१३०॥
with good-men Saṅgata one should make for virtue and for happiness and. (130)

तन्मम संमतेन तदेव क्रियतां। यतः।
Then of me according to the opinion this verily let be done! For,

अश्वमेधसहस्राणि सत्यं च तुलया कृतं।
Aśvamedha-thousands truth and on a balance placed—

अश्वमेधसहस्राद्धि सत्यमेवातिरिच्यते ॥१३१॥
over an Aśvamedha-thousand surely truth alone preponderates. (131)

अतः सत्याभिधानदिव्यपुरःसरो ऽप्यनयोर्भूपालयोः कांच-
Therefore by the Truth-named-oath-preceded also of these two princes the Golden-

नाभिधानसंधिर्विधीयतां। सर्वज्ञो ब्रूते। एवमस्तु। ततो राजहंसेन
named-alliance let be concluded! Sarvajña says: So be it! Then by the flamingo

राज्ञा वस्त्रालंकारोपहारैः स मंत्री दूरदर्शी पूजितः
king with dresses-ornaments-presents that minister Dûradarśin honoured

प्रहृष्टमनाश्चक्रवाकं गृहीत्वा राज्ञो मयूरस्य संनिधानं
with delighted-mind the Chakravâka having taken of the king peacock to the proximity

गतः। तत्र चित्रवर्णेन राज्ञा सर्वज्ञो गृध्रवचनाद्बहुमान-
gone. There by Chitravarṇa the king Sarvajña upon the vulture's-word by honours-

दानपुरःसरं संभावितस्तथाविधं संधिं स्वीकृत्य राजहंससमीपं
and gifts-preceded addressed such an alliance having accepted the flamingo-near

प्रस्थापितः। दूरदर्शी ब्रूते। देव सिद्धं नः समीहितं। इदानीं
despatched. Dûradarśin says: Sire, accomplished our desire. Now

स्वस्थानमेव विंध्याचलं व्यावृत्य प्रतिगम्यतां। अथ सर्वे
to our-place verily the Vindhya-mountain returning let be gone! Then all

स्वस्थानं प्राप्य मनोऽभिलषितं फलं प्राप्नुवन्निति।
their-place having reached the mind-desired fruit obtained, thus.

विष्णुशर्मणोक्तं। अपरं किं कथयामि। कथ्यतां। राजपुत्रा
By Vishṇuśarman said: Further what shall I tell? Let it be told! The king's-sons

ऊचुः। तव प्रसादाद्राज्यव्यवहारांगं ज्ञातं ततः
said: Through thy kindness of kingdom's-administration-the subject learnt, thereby

सुखिनो भूता वयं। विष्णुशर्मोवाच। यद्यप्येवं तथाप्य-
happy (have) become we. Vishṇuśarman said: If also so, thus even

परमपीदमस्तु।
further also this be:

संधिः सर्वमहीभुजां विजयिनामस्तु प्रमोदः सदा
Peace of all-sovereigns victorious be the delight always!

संतः संतु निरापदः सुकृतिनां कीर्तिश्चिरं वर्धतां ।
The good may be free from misfortune! Of the well-acting the fame long may increase!

नीतिर्वारविलासिनीव सततं वक्षःस्थले संस्थिता
Policy a lovely woman like constantly at the bosom resting

वक्त्रं चुंबतु मंत्रिणामहरहर्भूयान्महानुत्सवः ॥१३२॥
the mouth may kiss of ministers! Day by day may be great rejoicing! (132)

॥ इति हितोपदेशे संधिर्नाम चतुर्थकथासंग्रहः समाप्तः ॥
Thus in the Hitopadeśa Reconciliation by name the fourth-story-collection finished.

www.ingramcontent.com/pod-product-compliance
Lightning Source LLC
Chambersburg PA
CBHW030315170426
43202CB00009B/1016